戦国武将学

歴史に学び未来を読む

加来耕三
Kaku Kouzou

松柏社

戦国武将学　歴史に学び未来を読む

まえがき　歴史を通して伝えたいこと

——思えばこれまで、実に多くの歴史番組に出演させていただいた。

「知ってるつもり?!」（日本テレビ系）、「堂々日本史」「そのとき歴史が動いた」（いずれも、NHK総合）、「アインシュタインの眼」（NHK BSプレミアム）、「タモリのヒストリーX」シリーズ、「とくダネ！」（いずれも、フジテレビ系）、「世紀のワイドショー！ ザ・今夜はヒストリー」（TBS系）、「BS歴史館」（NHK BSプレミアム）、「THEナンバー2 歴史を動かした影の主役たち」「ライバルたちの光芒 宿命の対決が歴史を動かした！」「THE歴史列伝 そして傑作が生まれた」（いずれも、BS-TBS）、「日本の城見聞録」（BS朝日）、「先人たちの底力 知恵泉《ちえいず》」（NHK Eテレ）、「英雄たちの選択」（NHK BSプレミアム）——等々。

そして、「偉人・素顔の履歴書」（ＢＳ11）の二夜連続番組（いずれも、放送開始順）。なかには、企画段階から参加したものも少なくなかった。

歴史番組の主旨は、一般に伝えられてきた歴史には誤謬《ごびゅう》（間違い、誤り）が多く、真実の歴史とはいいがたい――そのことを訂正し、広く視聴者に知ってほしい、というものであり、それが少なくも筆者の意図してきた参画理由であった。

ありがたいことに、歴史好きの視聴者は多く、出演する度に力瘤《こぶ》が入ってきたものの、そのわりにはなかなか、一般の通史、俗説が改まる気配がない。

たとえば、目下は〝戦国ブーム〟といわれる中で、くり返しテレビでは戦国武将モノは企画・発信されているが、相変わらず基本的なことすら、蔑《ないがし》ろにされる傾向が強いように思われてならない。読者の中には、面白ければそれでよいではないか、と鷹揚《おうよう》に構える方がいるかもしれないが、歴史は過去を訪ね、現在と比較し、未来を読むのが、そもそもの使命だ、と筆者は思い定めてきた。

にもかかわらず、ふり返る過去が不確かなもの、創られた小説まがいの虚構、あり得ない新説の世界では、足場がぐらつき、とても未来への思考まではたどり着けない。

歴史は立ち止まって考えることが最初の第一歩であり、そのためにはまず、ハテ？　と疑問が浮かばなければならない。

試みに、読者諸氏には次の設問をお読みいただきたい。

一、本書は「戦国」に活躍した武将（大名や豪族）について述べたものだが、では、日本史資料において「戦国」という単語の初出は？

二、本書の時代背景は、応仁の乱（一四六七～七七）から徳川家康の死去までの〝乱世〟を扱っているが、では、この〝乱世〟という単語が語られた初出は？

答えられる方は、稀《まれ》であろう。

日本史を大学で専攻した筆者《わたし》ですら、学生時代は知らなかった。

ちなみに、「戦国」という単語の初出だが、陽明文庫所蔵の『後法成寺《ごほうじょうじ》関白記』（室町後期の関白太政《だじょう》大臣・近衛尚通《このえひさみち》の日記）――別名、『近衛尚通公記』の永正五年（一五〇八）四月十六日の条に、「そもそも世上の儀、いはゆる戦国の時のごとく、何日、安堵《あんど》の思ひをなすや」（著者読み下す）とあった。

ここでいう「戦国の時」というのは、中国の春秋・戦国時代の「戦国」を連想した世の中の意であろうが、尚通は自らの生きている時代を、中国の「戦国」と同じだ、と怖気《おぞけ》をふるって認識していたことになる。一般の印象《イメージ》より、思いのほか早いのではあるまいか。

〝乱世〟も同様である。応仁の乱の三十八年前、正長二年（一四二九）正月二十九日に、公卿《くぎょう》で権大納言《ごんのだいなごん》、武家伝奏《ぶけてんそう》をつとめ、歌人としても知られた中山定親《なかやまさだちか》は、己《おの》が日記に、

「乱世の至りなり」（『薩戒記《さつかいき》』）

と、すでに記していた。

ただし、彼が怖気をふるった〝乱世〟は、のちの戦国の世ではなく、前年に京都で起きた土一揆が、引きつづいて播磨国（現・兵庫県南西部）でも起こり、守護の赤松満祐《あかまつみつすけ》が鎮圧に出陣したものの、多大な打撃《ダメージ》を受けたことを、伝え聞いての感想であった。

おそらく定親の嘆きの底には、室町幕府の体制を支えるべき守護が、民衆の挑戦を受けたことに対する、ショックの大きさがあったことは確かであろう。

「一揆」とはもともと、「揆《き》を一《いつ》にする」――つまり、団結するという意味であり、これまでは武士を主体としてきたものが、下位へ降り、たとえば土豪《どごう》・国人《こくじん》と呼ばれた地方生《は》え抜《ぬ》きの在村領主から、やがて名もなき農民にまで広がっていった。

「一国騒動稀代《きだい》の法なり」（同上）

それが応仁の乱を濾過《ろか》することで、戦国時代を通じ、身分制の底が抜けたようになり、人々は物事の主体を己れ個人に帰して考えるようになった。

誤解されては困るのだが、本書は戦国のトリビア（雑学的な事柄についての豆知識）を集

めることを目的としてはいない。歴史クイズの難易度を競うつもりもない。重要なのは、歴史の本質を見きわめる目を、戦国武将をテーマとして、養っていただくことにある。

歴史は繰り返す。方則は不変である。それゆえに過去の記録はまた将来の予言となる。
（寺田寅彦著『科学と文学』）

その意味において、次の設問はかなり重要である。

三、本書の扱う応仁の乱は、現在世界に蔓延する新型コロナウイルスと同じ作用を及ぼす懸念があった。この二つの類似性から導き出されるものは？

応仁の乱は日本史上、最長にして最大の内乱であり、京の都を一面の焼け野原と化し、日本全土に戦乱の渦を波及させたが、それ以上の凄まじい劫火《ごうか》で、それまでの日本人の生き方を変えてしまった。下位の者が上位の者に剋《か》ち、威勢をふるう。
後世にいう「下剋上《げこくじょう》」――反逆と謀叛の世が応仁の乱によって到来したのだが、この乱が起きなければ、近世（＝幕藩体制）が訪れることはなかったであろう。

ちなみに、「剋」は「刀（力）を以《もっ》て殺し、勝つ」の意。

「臣君《しんくん》を弑《しい》し子《こ》親を殺し、刀（力）を以《もっ》て争ふべき時到《いた》る故《ゆえ》に下剋上との一端あり」（『太平記』巻第二十七）

とあった。

それ以前の中世日本では、人は例外なく出自《しゅつじ》・分限というものが、生まれながらに定められていた。生まれ落ちた環境からは、どんなに足掻《あが》いても抜け出せない。自らの境遇は、不変のものなのだ、と誰しもが、その宿縁を疑うことすらなかったのである。

能力や才覚、力量といったものが問われたのは、動くことのない階層の内部でのことにすぎなかった。ところが、応仁の乱後の室町時代中期になると、

「いや、実力さえあれば、運命は身分に関係なく変えられるのではないか」

という、それ以前の日本人からすれば、卒倒しかねない、まるで神仏に楯突くような、ふてぶてしい思潮が興《おこ》り、沸き立つように急速に育ち、蔓延《まんえん》することとなった。

もちろん、「下剋上」は、短期日に日本人全体の精神となったわけではない。頻繁に起きる飢饉、将軍家や守護の暗殺事件、世相不安による一揆といった、天災・人災が打ちつづくなかで、このような時代に生き合わせた人々は、生き残るためにそれ以前の風習・慣例を忘却し、欲望をむき出しにして、それをエネルギーに変えていったのである。

そして、結果としての個性、個人といったものを芽生えさせ、己れだけの栄達を願い、一方で人心の荒廃を心の奥底では痛感するようになる。

ある意味、室町期は日本のルネサンスと捉えることもできた。


都鄙《とひ》遠境ノ人民迄《まで》（都の人も田舎の人も）、花麗《かれい》（華麗）ヲ好ミ、諸家大営《たいえい》（大きく振る舞う）、万民の弊《へい》言語道断也《なり》。〈中略〉然《しか》レド只《ただ》天下ハ破《やぶ》レバ破レヨ、世間ハ滅《ほろば》バ滅ビヨ、人ハトモアレ、我身《わがみ》サヘ富貴ナラバ、他《ひと》ヨリ一段、瑩嚢《えいかん》（豪奢）様ニ振舞《ふるまわ》ント成行《なりゆ》ケリ。

（『応仁記』巻第一）


――一転して、現代である。

新型コロナウイルスの出現により、これまでの日常生活が一変、われわれは奈落《ならく》の底へ突き落とされた。しかもこの苦境はあらゆる分野に及び、応仁の乱が十一年つづいたように、当分は影響力の終息をみることはないであろう。

では、次の時代はどうなるのか？

応仁の乱の当事者であり、東西に分かれ戦う一方の総大将をつとめた山名宗全《やまなそうぜん》（諱《いみな》は持《もち》豊《とよ》）は、興味深いことを乱の最中、地位の高い公卿に向かって述べていた。

「およそ例《れい》といふ文字をば、向後《きょうご》（今後）は時《とき》といふ文字にかへて御心えあるべし」

（『塵塚物語《ちりづかものがたり》』巻第六）

この宗全の言葉は、応仁の乱が生み出し、以来、「令和」の今日まで通用してきたといってよい。大乱の中、日々を乱世と思い、昔の「例」をあげて嘆く大臣（公卿）に対して、宗全は次のように応じている。

「あなた（大臣）のいわれることは、よくわかったが、あなたが何事にも〝例〟（＝先例）を引き合いに出されるのは、よろしくない」——ここで、前出の言葉《セリフ》が入る。

そして宗全はつづけて、次のようにいう。

「世の中のことは、先例を踏んで行われると、私も理解している。しかし、平安時代には平安時代の例があり、鎌倉時代には鎌倉時代の例があるように、もともと先例も時代とともに変化するものだ。それなのにあなたがた公家は、昔の例を大切にするばかりで、〝時〟（＝現実や時勢）を知ろうとはしない。だから、いまのように武家に天下を奪われ、われらに媚《こ》びへつらわなければならなくなったのではありませんか」

宗全《かれ》はいう。

「私のような匹夫《ひっぷ》が、あなたのような高貴の人と、同輩顔をして話のできたことが、いつの世の例にありますか」、と。「これからはあなたがた公家も、〝例〟にこだわらず、眼の前の〝時〟をわきまえないと、このまま没落するばかりですぞ」、とたたみかける。

筆者が注目したのは、宗全のそれにつづく言葉であった。

「又併《またあわせて》後世に、われより増悪《ぞうあく》（猛悪《もうあく》）のものなきにはあるべからず。其時《そのとき》の體《てい》によらば、其者《そのもの》にも過分のこび（媚）をなさるるにてあるべし」

「われより増悪のもの」を後世のわれわれは、織田信長に当てはめて考えることができる。

その信長の出現以前の室町末期になって、当時、流布していた故事と逸話の類《たぐい》を集めた『塵塚物語』——これに収められた先述の大臣とのやり取りが、実際に宗全本人の語ったものであったかどうかは、定かではない。

が、ここにこそ、これからのポストコロナの世の中を考える、大いなる歴史のヒントはあった。コロナ発生以前に、われわれは戻ることはないのである。

室町時代→応仁の乱→群雄割拠→織田信長の登場→豊臣秀吉による日本史上初の天下統一→徳川家康の幕藩体制。時代は決して、逆流はしない。

次に何が起きるのか、原理原則を知ることができれば、過去は未来に応用、活用できるのである。

そのためには、歴史の事例を立ち止まって考える訓練をしなければならない。

目の前のことだけに注目するのではなく、そこから離れた俯瞰《ふかん》的な眺《ながめ》——高い場所から見おろすような視点――を、常日頃から養う必要がある。

本書ではまず、「戦国武将の基礎知識」を序章に用意した。これは、準備運動《ウォーミングアップ》のつもりである。目次を参照いただきたい。分け入る〝史林《しりん》〟（歴史書）の踏み込む難度によって、各章を選抜した。ことごとく出典は明らかにしたが、なかにはその史料をどう解釈するか、筆者の私論を述べたものもある。したがって、読者諸氏は筆者に同調される必要はない。ただ立ち止まって、自説を慮《おもんぱか》ってもらえればと願っている。

本書は筆者がこれまで述べてきた史論から、周囲の人々の、知っているようで正しく理解されていない、と思われるものを、テレビ番組での反響をもとに、歴史研究家（月刊『歴史研究』編集長）の井手窪剛氏にあげてもらい、それに筆者ができるだけ簡潔に答える、という形をとった。

本書を執筆するにあたっては、多くの先学諸氏の研究成果を、改めて読み直し、参考とさせていただいた。この場を借りてお礼を申し上げる。また、本書執筆の機会をつくって下さった松柏社の社長・森信久氏に、心よりお礼を申しのべる次第です。

令和三年春暖の頃　東京・練馬の羽沢にて

加来耕三

まえがき　歴史を通して伝えたいこと　2

序　章◉戦国武将の基礎知識　17

平家、源氏に属さない「駆武者」とは?!／地方の治安維持兵が院政・摂関家とつながった?!／もう一つ別にいた武士／戦のルールを示した逸話／卑怯だった武士の真相／足軽より遅かった軍馬／銭が持つ魔力／祇園祭が意味したものとは?!／〝バリケード〟と変わらなかった城のはじまり／天下が覆る可能性を持つ城／「惣構」が大坂城を難攻不落にした!!／大坂城のモデルとなった城／大坂城で活かされた堀の構造／クジ引きで決まった将軍の末路／帝王学を説いた男・細川勝元／女帝・日野富子登場の意味＝活かされなかった『君慎』／鉄砲を日本に伝えたのは、ポルトガル船ではなかった！／堺に信長が課した矢銭は六億円！／鉄砲の量産とコストダウン／徳川家康の遺言も、日課念仏も贋作!!／宮本武蔵が巌流島で倒した佐々木小次郎は老人だった?!

第二章◉戦国武将の知られざる実像［将軍・大名編］　115

終章◉女性たちは戦国武将の共同経営者

序　章◉戦国武将の基礎知識

平家、源氏に属さない「駆武者《かりむしゃ》」とは?!

「平家」を称した戦国武将・織田信長の次に、豊臣秀吉は「源氏」の棟梁となるべく、室町幕府十五代将軍・足利義昭《あしかがよしあき》に猶子《ゆうし》（親族または他人の子を名目上、わが子にすること）にしてほしい、と働きかけたが断わられ、仕方なく正親町《おおぎまち》天皇（第百六代）に泣きついて、「豊臣」の姓を創ってもらった。

あとを受けた徳川家康は、自ら「源氏」の棟梁を称すべく、新田《にった》源氏の一門・世良田《せらだ》氏の支流であるとされる得川《とくがわ》姓を手繰《たぐ》り寄せ、「徳川」を創姓したが、源平交代説が生まれたのは、正しくは室町時代に入ってからであり、もともと平家であれ源氏であれ、「武家の棟梁」などというものは、国家の制度に定められたものではなかった。

存在があやふやということでいえば、日本独自の武士――歴史的にみて、可憐《かれん》で滑稽《こっけい》で哀《あわ》れな存在――も、その誕生の歴史からして、特殊なものであったといえる。

大化改新《たいかのかいしん》から飛鳥浄御原律令《あすかきよみはらりつりょう》を経て、どうにか誕生した律令制国家は、公地公民を原則としていた。これは平城京においても、平安京に都が移っても原則、変わっていない。

だが、時代を経るごとに、その重税に耐えかねた〝公民〟は逃散《ちょうさん》を重ね、皇族や貴族、大きな神社・仏閣が私領として朝廷から認められた「荘園」に移って働くようになる。

つまり、中世日本にはいつしか、律令の民と荘園の民との二種類ができたわけだ。

これに加えて、もう一種類――国家が農地を増やすため、諸国に奨励した墾田《こんでん》（＝新たに開墾した田地）の開拓者である第三の農民が、ほどなく誕生する。こちらは荒野を切り開いた開拓農民であり、紆余曲折《うよきょくせつ》のすえ国家に永代《えいたい》私有を認められた。

やがて、この墾田の所有者の中から、家族や一族を束ねて勢力をもつ者が現れた。彼らは「弓馬の芸」に優れ、少し遅れて「武士」と呼ばれるようになる。

源平（＝武家の棟梁）―諸国の武士の関係は、中世の侍の、私的な主従関係から発生したものであり、諸国の武士＝開拓農民たちの利益を、京の都に常駐する平家と源氏の二大棟梁が各々、代表する形で朝廷に代弁し、彼らを擁護したにすぎない。

源平は、いわば地方の開拓農民の口利きをしていただけの存在であった。

諸国の武士たちは、恩給（所領《しょりょう》・所職《しょしき》・官職への補任《ぶにん》）に対する周旋の返礼として、「武家の棟梁」に軍事奉仕をする体系《システム》が、いつしかできあがった。

だが、厳密にいえば、彼らのような武装した開拓農民が、そのままイコール「武士」とはならなかったのである。実はもう一種類、まったく異なる武士がいたのだ。

「駆武者《かりむしゃ》」という言葉が、平安中期以降、頻繁に使われていた。この「駆武者」は平家や源氏と、主従関係をもたない武士であった。彼らは合戦に際して、諸国の役所である「国《こく》衙《が》」の「国兵士《くにへいじ》」や、「追討使《ついとうし》」をつうじて駆り集められた人々の呼称であった。

平安時代において「国衙」は、国司の管轄する地方行政府のことをいい、源平争乱の時代、実はこの国衙につとめる武士たちが結集し、朝廷の命令で出陣していた。

本来、「駆武者」は、源平双方の軍勢に属していない。争乱となって巻き込まれ、いつしか両陣営に所属するようになったが、彼らの両陣営における比重は、源 義経《みなもとのよしつね》登場の頃、かなり高まっていた。

大化改新《たいかのかいしん》後、朝廷＝律令国家は、蝦夷《えみし》（ここでは関東以北に暮らす朝廷に従わない人々）への征服事業と対朝鮮半島臨戦態勢という、二つの軍事課題を持ちつづけたが、そのために改革された軍制が、班田農民を兵士として活用するための〝歩兵〟創出であった。

具体的には、改良型の「弩《おおゆみ》」とそれを扱う専門職の「弩師《どし》」を諸国に配置して、「弩師」の命令一下、歩兵＝班田農民が強弓《ごうきゅう》を発射台から放った。水平に撃つことで、多数の大矢を遠くへ飛ばすことができ、弓馬に秀でた蝦夷の騎兵に対抗することが可能となったようだ。

承和《じょうわ》二年（八三五）には、さらに廻転式の「弩」も登場。これはとくに、半島の新羅《しらぎ》からの侵攻にも備えて、九州地方に重点配備された。

地方の治安維持兵が院政・摂関家とつながった?!

ところが、朝廷が蝦夷を取り込んでいく過程で、東国において弓馬で武装する群党（党《とう》類《るい》）が派生し、蜂起して、ときに大規模な叛乱を組織的に展開するようになる。

なかでも、寛平七年（八九五）に登場した「僦《しゅう》馬《ば》の党」は、東海道・東山道に神出鬼没の掠奪暴行を行い、各々の国司たちの追討を俊敏に、巧みにかわした。

残念ながら、彼らの機動性にはこれまでの「弩」の歩兵は役に立たなかった。

群党に対抗するため、各国の国衙によって選抜動員された、「弓馬の芸」に秀でた官人が、国衙に名を連ねて、いざという時に備えることになる。これが「駆武者」である。

――こちらの方が、従来の武装開拓農民より、後世のわれわれが描く武士のイメージに近いかもしれない。

やがて王朝国家は、それまでには存在しなかった院の誕生・継承にともない、国衙の「駆武者」も朝廷正規の国衙とは別に、院ともつながりを持つようになった。

源平も棟梁として、それにならったにすぎない。

それが平安末期では、朝廷――多くは摂関家――か、別途の院に「名《みょう》簿《ぶ》」をささげて、主従の関係を結んだ武士こそが、正規の武士と公認されるようになった。

つまりは源平の上に、院や摂関家が乗ったことになる。

院や摂関藤原貴族たちは、はるか雲の上から武家の棟梁を見おろし、時折、武士の要望を聞いてやり、面子《メンツ》を立ててやって恩を着せ、その代償として都の警備、朝廷で発生した政争に軍兵《ぐんぴょう》としての武力を行使することになった。

武装開拓農民も、「駆武者」をまねて〝武士〟になれた、といってよい。京の都での御所の警備、公家の護衛役をつとめることで、彼らは〝武士〟となったわけだ。

やがて源平争乱を経て、鎌倉・南北朝となると、「駆武者」と武装開拓農民はまじり合い、応仁の乱を濾過《ろか》装置として、戦国武将となっていった。

もう一つ別にいた武士

今一つ、意外な別の角度＝武士の定義から、述べてみたい。

正規の武士「駆武者」については、すでに前項でふれたが、ではその前提の「武士」の条件とはなにか――これは、いささかむずかしい問いかけかもしれない。

教科書風に真正面から答えれば、えてして大切な本質を見逃してしまうし、かといって逆説めかして答えれば、不真面目だと読者諸氏から叱られる。

――開拓農民が、自衛のために弓馬の術を身につけた、これが武士の出自である。

確かに、中学・高等学校の日本史ではそう教えた。が、この答えだけでは、最も大切なものが抜け落ちてしまう。それは、武士は特殊な職能者の一つである、との観点である。

平安時代の武士＝「武者」は意外にも、職能でいえば管弦《かんげん》・文士・和歌・画工・舞人・異能・陰陽《おんみょう》・医方・明法《みょうぼう》・明経《みょうぎょう》などの、諸芸の一つとして数えられていた。

中級文人貴族の藤原明衡《あきひら》の著した、『新猿楽記《しんさるごうき》』――さまざまな猿楽《さるがく》（散楽《さんがく》）の芸能や演技者を列記した前半と、その見物にやってきた中級貴族の右衛門尉《うえもんのじょう》一家の大集団を、一人ひとり描写した後半からなる――では、高名な博徒《ばくちうち》や細工師、相撲人《すまいびと》、飛騨工《ひだのたくみ》、医師、陰陽師、大工、仏師、商人などと並んで、「所能《しょのう》」（自分のものにしている、専門職）の一つに、わざわざ「天下第一の武者」をあげていた。

作中の「勲藤次《くんどうじ》」なる人物は架空のようだが、注目したいのは彼に関する記述である。

「合戦・夜討《ようち》・馳射《はせゆみ》・待射《まちゆみ》・照射《ともしゆみ》・歩射《かちゆみ》・騎射《うまゆみ》・笠懸《かさがけ》・流鏑馬《やぶさめ》・八的《やつまと》・三々九《さんさんく》・手挟《たばさみ》等の上手なり」（日本思想大系『古代政治社会思想』）

「馳射」は馬を馳せながら弓を引く技術のことであり、「騎射」の一つである。

ちなみに、「騎射と云《い》ふは歩射に対して云ふ也」（『貞丈雑記《ていじょうざっき》』）とあった。

当時、武士の嗜《たしな》みとされた「笠懸」「流鏑馬」「八的」「三々九」などは、ともに的《まと》の形態を区別したものであったようだ。この「弓馬の芸」という、特殊な戦闘技術を身につけた職業的戦士こそが、そもそもの「武士」の起源に間違いはなさそうである。

戦のルールを示した逸話《エピソード》

ついでながら、最近の日本中世史の研究成果をみていると、慄然とさせられることが少なくない。まさに、「聖徳太子はいなかった」との解釈の類である。筆者が学んだ頃の中世史に比べると、まったく別のものといってよいほどに進展している。

たとえば、

「やあやあわれこそは――」

と正々堂々と名乗りをあげ、弓馬の芸を披露し合い、共に競う――そうした源平合戦のイメージは、どうやら院の成立途中に、すでに壊れてしまっていたようだ。

換言すれば、「弓馬の芸」を身につけた国衙の兵《つわもの》と、別途、武装開拓農民でありながら武芸を学んだ者が、王朝国家――とりわけ院と摂関家――に組み込まれる過程で、武士の戦《いくさ》ぶりは大きく転換してしまった、ということになる。

平安時代も末期に入ると、関東にはとくに武士の集団が増え、各々の一族郎党が蟠踞《ばんきょ》す

るようになり、彼らはひたすら朝廷を奉《たてまつ》ることで競争し、きわめて卑《ひく》い官職・官位でももらえば、飛びあがらんばかりに喜んで、他の地域集団に己れの優越《ゆうえつ》を誇示した。

武士によって切り拓かれた土地が増えるとともに、境界をめぐるトラブルが多発。生命《いのち》に等しい自領たる「一所《いっしょ》」をまもるために、彼らは武力抗争をくり返すようになる。

あるいは、この過程で「弓馬の芸」が地方に浸透したのかもしれない。「武士道」の源流となる「兵《つわもの》の道」も、こうした「一所」をめぐっての、武士の土地争いの中から生まれていた。

平安末期の十二世紀前半に成立した『今昔物語集《こんじゃくものがたりしゅう》』には、興味深い説話が収録されている。題して、「源充《みなもとのあつる》(宛とも)、平良文《たいらのよしふみ》、合戦せし語《こと》」(本朝世俗部巻二三)——。

東国に蟠踞する桓武平氏の一流で、平将門《まさかど》の叔父にあたる良文には、嵯峨源氏《さがげんじ》の流れをくむ源充という好敵手がいたようだ。二人はともに「兵《つわもの》の家」=武士団を形成し、「兵《つわもの》の道」を競っていた。

この二派の間に入って、双方の悪口を反対派につげ、対抗心の火に油をそそいだ郎党がいた。かくて二人は、武力抗争にいたるのだが、戦国時代のような突然の不意討ちは許されず、日時と場所は事前に約束するのが、当時のルールであったようだ。

この一件、平家が先に源氏を凌駕した謎について、答案の一つとなるかもしれない。

合戦の約束の日の巳《み》の刻（午前十時ごろ）、各々が一町（約百九メートル）をへだてて五、六百の軍勢を率い、前面に楯をならべて対峙《たいじ》した。これを「搔楯《かいだて》」という。

まず、「牒《ふだ》」（宣戦布告状・「ちょう」とも）を交換する。この頃のルールでは、この「牒」の使者が自陣へ帰りつく前に、弓をその使者に射掛《いか》けてもよいことになっていた。

したがって使者は、背後から狙われることになる。が、ここで慌てふためいて馬を走らせ、己れの陣に戻るのは嗜《たしな》みに欠けるとされ、ふり返りもせずに悠々と自軍へ引きあげていくのが、「兵《つわもの》」＝勇者の証とされた。

この蛮勇の雰囲気、いかにも日本的〝男〟の美学の原点といえそうだ。

次に両軍、楯を寄せ合い矢合わせとなり、その後に合戦となるのが普通だが、この日は良文が充に二度目の使者を出し、次のような提案を行っている。

「今日の合戦は、互いの手品《てじな》を知ろうというのだから、軍勢同士が射合うのでは面白くない。二人だけで存分に走り合い、射合おうではないか」

ここでいう「手品」とは、手のうち、武技の腕前の意。

充がこれに応じたことから、ともに一騎だけで居並ぶ楯の間から出、かけ声もろとも馬を駆けさせ、すれ違いざまに矢を射合うことになった。

平良文と源充――二人の武士が使用するのは、「雁股《かりまた》の矢」――矢の先の鏃《やじり》が二方向に開

き、その内側に刃がついているもの——である。互いに弓を引きしぼり、馳せ違いざまに矢を放ち、走りすぎるとまた馬の首をめぐらせて、取って返し、また馬上に弓をひく。良文の矢は、充の背中を狙《ねら》ったものの、充はこれを馬から落ちるほどの低姿勢でかわしたので、矢は太刀の雨覆《あまおおい》（鞘の峰の方を覆う金具）に当った。次には良文の背中へ充が矢を放ったが、良文もこれをさけ、矢は皮帯に立つ。

三度、二人は駆け合ったが、ともに相手を馬から落とすまでの致命傷を負わせることができなかった。まさに、先にみた「馳射《はせゆみ》」の対決である。

二人はよほどの戦闘技能者であった、といってよい。結果、良文から充へ、

「互いの手品はわかった、ともに父祖以来の敵というわけでもないのだから……」

と、ここで合戦の終了を提案。充がこれを受けて、二人の合戦は終わる。

「昔の兵はかく有《あり》ける」とは、『今昔物語集』の結びの言葉《コメント》であった。

この説話には、「兵《つわもの》」が弓箭《きゅうせん》と馬術に巧みでなければならないこと、首領たるものは名誉を重んじ、豪胆でしかも勇気があり、武技に秀《ひい》でて正々堂々としていなければならないことが語られていた。

そうした首領でなければ、家人《けにん》（家来）が従わなかったともいえようか。

——筆者の、源平合戦に抱いたイメージはこれであった。

卑怯だった武士の真相

ところが、実際はまったく違う現実があったのだ。

たとえば、治承四年（一一八〇）の八月、打倒平家のかけ声のもと、挙兵した源頼朝に合流すべく、石橋山《いしばしやま》（現・神奈川県小田原市石橋）に向かった三浦一族は、合戦に間に合わず、退きかえす途中で平家方の畠山重忠《はたけやましげただ》の軍勢と遭遇する。

三浦は小坪《こつぼ》の峠（現・神奈川県逗子市小坪）に三百騎、畠山は稲瀬川（現・神奈川県鎌倉市を流れる川）の辺りに五百騎で対陣。この時、三浦義明《よしあき》の孫・和田義盛《よしもり》は、己れがはじめて経験する「馳組み」について、その心構えを郎党の三浦真光《さねみつ》に尋ねる場面が『平家物語』（延慶本《えんぎょうほん》）に出ている。このとき、真光は五十八歳（数え、以下本書同じ）。

十九度《たび》の戦に参加した、という老兵であった。その彼がいう。

軍《いくさ》ニアフハ、敵《かたき》モ弓手《ゆんで》（左手）、我《われ》モ弓手《ゆんで》ニ逢《あは》ムトスルナリ。打解弓《うちとけゆみ》ヲ不可引《ひくべからず》一。アキ《空》マ《間》ヲ心ニカケ《懸》テ、振合々々《ふりあはせふりあはせ》シテ、内甲《うちかぶと》ヲヲシミ《惜》、アダ《徒》ヤ《矢》ヲイ《射》ジト矢ヲハゲ《剝》ナガラ、矢ヲタバイ《惜》給《たまふ》ベシ。矢一放《やひとつはなち》テハ、次矢《つぎのや》ヲ忩《いそ》ギ打《うち》クワセテ、敵《かたき》ノ内甲《うちかぶと》ヲ御意《おんこころ》ニカケ《懸》給へ。昔様《むかしやう》ニハ馬ヲ射事《いること》ハセザリケレドモ、中比《なかごろ》ヨリハ、先《まず》シヤ馬ノ太腹《ふとばら》ヲ射ツレバ、ハネ《跳》ヲトサ《落》レテカ《徒》

チ立《だち》ニナリ候。近代《きんだい》ハ、ヤウ《様》モナク押並《おしならべ》テ組《くみ》テ、中ニ落《おち》ヌレバ、大刀《たち》・腰刀《こしがたな》ニテ勝負《しょうぶ》ハ候也《さうらふなり》。（北原保雄・小川栄一編『延慶本平家物語　本文篇』第二末「小壺坂合戦之事」所収）

「戦《いくさ》のさいは、互いに弓を手にして対戦をしますから、相手との間合いに注意して、内甲《うちかぶと》（顔の露出している部分）をかばい、矢の無駄打ちをなくすべく、矢数を惜しんで下さい。さらに矢を一つ射たら、すぐに次の矢、と敵の内甲を狙いなさい」

ここまではよいとして、次のくだりはあまりにも意外な助言で、筆者は大いに驚いた。颯爽としたところが、ないのである。

「敵の馬の太腹を弓矢で射て、跳ね落とされて徒歩《かち》立ちになった敵を討て」

と老兵はいうのだ。

これは明らかに、卑怯な振る舞いではあるまいか。また、馬上で組み合い、馬から下に落ちて、地面で太刀などで勝負を決めるというのも、正々堂々とはいいがたい。

だが、現実問題として、すでに源平争乱の時代には、このような戦い方――これまでは南北朝や戦国の騎馬戦と思っていたもの――が、少しもかわることなく行われていたことが知れる。

足軽より遅かった軍馬

そういえば、日本の馬は近代に入るまで、きわめて小さく、テレビでみる馬——多くはサラブレッド——と同じではなかった。強いてあげれば、ポニーの同型といってよい。サラブレッドの体高（背中の最も高い部分から、地面までの垂直距離）は、およそ百六十センチ、体重が五百キロ前後であろうか。それに比べて、日本の中世の馬は戦国時代も変わらず、体高百三十センチ、体重は三百キロもない。考えてみればよい。この小型馬に、鎧兜に身をつつんだ人間が、鞍を敷いて乗り、武器を携帯して戦うのである。

武者の体重を五十キロとしても、あわせての重量は、九十キロ以上はあったはずだ。

——騎馬隊の前に、足軽が展開している理由は一つである。

足軽より、騎馬の方が遅かったからだ。

日本の中世馬の時速は、単体でせいぜい四十キロ。「駈歩《かけあし》」と呼ばれる、馬が跳躍するように四肢を宙に浮かして走れる距離は、せいぜい百五十メートルから三百メートルほどでしかない。馬上に完全武装の武者を乗せれば、時速はせいぜい四キロほどである。

そのスピードでも、走り出して十分もすれば、馬は疲れて首を大きく左右にふり、速度を落としてしまう。そのため、通常の合戦は馬から降りて、徒歩で行われた。

馬上で槍をふるっても、その先を摑まれては落馬させられてしまう。一つ間違えば、首をとられかねない。馬上の合戦は、逃げる敵を追撃する時のみ、可能であった。

それにしても小型の国産馬が、合戦に参加できたのは、なぜか。

日本の中世馬（中世のみならず、日露戦争まで）がことごとく、野生馬であったからだ。世界最強のチンギス汗の騎馬＝モンゴル馬も、日本同様に小さかった。

それでも世界史で、大活躍した印象が強い。なぜ強かったのか。日本もモンゴルも、牝馬の去勢をしていなかったからだ。日本で去勢が行われるようになったのは、日露戦争が終わってからのこと。

日露戦争の直前に、日本軍と行動を共にした義和団事変での、欧米列強の将兵は日本の小さくも荒々しい軍馬をみて、「これは家畜ではない、猛獣だ」といって驚いたという。

これは後世の余聞だが、中世の武士たちにとっては、小型ながら獰猛《どうもう》な馬は、それでもなくてはならない戦友であった。

銭が持つ魔力

「一所懸命」――武士のよりどころは土地（＝自領たる「一所」）であった。

自領を獲得するために、武士は生命《いのち》を懸けたわけだ。

さしずめ現代ならば、土地のかわりに給料《サラリー》＝お金ということになろうか。

お金、銭と呼ばれた通貨も、武士と同様、時代によって意味合いが変化していた。

現在でも中世でも、通貨の価値は上がったり、下がったりする。

物々交換では起こりにくいことが、銭ではときおり起きた。古代・中世の人々は、この価値の高低を銭自体が持つ呪術的な力だ、と解釈したようだ。

「君のごとく神のごとくおそれ（恐れ）とうとみ（尊み）て、従え用いることなく」

これは『徒然草《つれづれぐさ》』の一節だが、大福長者《だいふくちょうじゃ》といわれた金持ちが、銭に対して述べた件《くだり》である。帝《みかど》や神に仕えるように、銭を蓄蔵しなさい、と彼はいう。

平安の都ではいつしか、市井《まち》住まいで銭を蓄積することを「徳」というようになり、本来は人柄がよいという意味であった「有徳《うとく》」は、いつしか富裕の人を指すようになった。

また、中世においては、銭は呪術的な意味合いを持ち、〝魔〟を封じるための〝力〟として、神社仏閣の地面に埋められ、魔よけの結界に使用された。

――この現代からみれば奇異な行為は、意外にも〝利息〟と関係があった。

金融の起源は、日本の場合は「出挙《すいこ》」にいきつく。

これは稲作《いなさく》により収穫した初穂《はつほ》（初尾《はつお》とも）を、神に捧げる神事から来ていた。初穂は神聖な蔵に貯蔵されたが、この蔵の初穂を次の年、種籾《たねもみ》として百姓に貸し出した。そして収穫期が来たら、借りた種籾に若干の神へのお礼を「利稲《りとう》」という形で加えて、蔵に戻す。この「出挙」の「利稲」(利息の稲)こそが、利息の起源であった。

それだけに「初穂」は、いわば神が行う神事とも解釈された。

律令国家になると、「公出挙《くすいこ》」が行われるようになる。こちらは、国衙《こくが》の蔵に納めた租稲《そとう》を使ったかと思われる。「公出挙」があるなら「私出挙」もあった。

神社仏閣も行い、それらの業務に携わった人々は俗人ではなく、「神人《じんにん》」(じ、にんとも)、「寄人《よりうど》」と呼ばれ、神聖な神仏の代理人たる帝の、われこそは直属の臣である、との認識を彼らはもつようになった。

祇園祭が意味したものとは⁈

ところで、改めて思いおこせば、保元の乱や平治の乱において、平安の都は合戦で血塗《ちぬ》られ、汚されたといってよい。死者が怨霊《おんりょう》となって祟《たた》りをなす中世呪術の世界観でいけば、これまでのように王城の地は捨てられ、遷都が行われなければならなかった。

しかし、平安京は動かなかった。大内裏の再建事業をみるかぎり、朝廷は決して財政的にいきづまってはいない。むしろ、都の経済力ははなはだしく向上していた。

その証左に、祇園御霊会《ぎおんごりょうえ》（祇園祭）の費用を、保元二年（一一五七）六月の祇園会《ぎおんえ》から、朝廷は洛中の「有徳」にあてるよう、改めている。都市住人は、この課役《かやく》＝経済的負担に耐えうるだけの財力を持っていたわけだ。

祭りを盛大・豪華にしたのは、白河院（第七十二代天皇）であった。上皇は院の殿上人《てんじょうびと》をはじめ、天皇や御御《おごう》（天皇に近侍する者）、院の北面の武士にまで、各々奉仕をあてがい、

「金銀錦繍風流《きんしゅうふりゅう》の美麗記しつくすべからず」（藤原宗忠著『中右記《ちゅうゆうき》』）

といわれるまでの、壮大な美しさを演出した。

もともと御霊会は、洛中に発生・流行した疫病《えきびょう》を「御霊《みたま》」の祟《たた》りとみなし、郊外の八坂《やさか》や深草《ふかくさ》・紫野《むらさきの》などの地で、その怒りをしずめるために行われた法会《ほうえ》が起源であった。八坂の御霊会が、鎮座した御霊を洛中の御旅所にむかえる祭りとなしたのが、祇園祭である。

ところが、飢饉も疫病も合戦もくり返されて、いっこうに減少しない。

本来ならば、ここはやはり遷都してしかるべきであったろう。だが、朝廷も庶民もその方向へは進まず、むしろ彼らは、自分たちの生活そのものを開き直った。

軌を一《いつ》にして、「今様《いまよう》」といわれる民間の歌謡が、中世を通じて流行した。

その中に、次のようなものがあった。

〽遊びをせんとや生れけむ　戯《たわむ》れせんとや生れけむ
遊ぶ子供の声聞けば　我が身さへこそゆるがるれ（揺らいでしまう）

神仏を敬いおそれる時代が徐々にすぎ、人々の意識は中世から近世に近づいていたのだろうか。確かなことは、この人々の心象が〝下剋上〟の戦国を生み出したことであろう。

〝バリケード〟と変わらなかった城のはじまり

話は武士に戻るが、この武士の拠る城は、「武士」という身分が産声を上げた平安時代には存在していなかった。

確かに、「城」「城郭」といった単語は、源平争乱の中にも多数出てくるが、『平家物語』の巻五を読んでいると、

「路《みち》を掘りきって掘きり、搔楯《かいだて》かき、逆茂木《さかもぎ》ひいて待ちかけたり」

という場面が出て来た。

実はこれこそが「城郭」であり、「時をどつとつくる」（鬨《とき》の声をあげる）とあった。

先の「搔楯」というのは、すでにみた『今昔物語集』の「源充《あつる》、平良文、合戦せし語《こと》」にもあったように、楯を一列に垣根のように並べ立てたもので、楯一つの大きさは、高さは百四十センチ前後で、幅は四十五センチぐらい。厚さは約三センチ程度であろうか。二枚矧《はぎ》（重ね）のものが多かったという。これで、飛来する矢を防いだわけだ。

「逆茂木」は刺《とげ》のある木の枝などを束ねて、横に結んだ木柵のことである。

現代人の感覚では、とても「城」とは見えまい。せいぜい、バリケードであろう。

「堀」も水を湛えたものではなく、単なる空堀《からほり》であった。堀幅は十五メートル前後。

読者諸氏の中には、そんなものが「城郭」にはならない、役に立つはずがない、と思われる方がいるかもしれない。なるほど、土塁はその掘った土をもりあげただけのもの。

実は堀・逆茂木の後方に、高い足場（高矢倉）を設《もう》え、その上で矢をつらねて待ちかまえる。これこそが、正真正銘中世の城郭であった。

その防御能力はどうであったか——これを知るためには、一方の攻めてくる馬に注目する必要があった。日本の中世馬の速度・体高などについてはすでに触れている。

加えて、日本の中世の馬は、臥木や段差のある堀を、そもそも飛び越える能力を持っていない。険阻《けんそ》な山の坂道を登るのも無理。そのため傾斜の強いところでは、もっぱら牛が運搬手段として使われていた。

牛の蹄は「偶蹄目《ぐうていもく》」といって、二つに割れており、坂道には意外に強かった。

このバリケードのような城砦が、「城郭」へと発展していくのは、室町時代に土木技術が発達してからのことであり、さらに堅固な石垣を使用した城郭の発展は、鉄砲の普及する織田信長の時代を待たねばならない。

戦場にサラブレッドが登場し、馬上で武士が華々しい合戦をやる時代劇——源平合戦も含め——を見慣れていると、史実の世界からは知らぬまに遠のくようだ。

天下が覆る可能性を持つ城

豊臣秀吉の死後に戦われた、〝天下分け目〟の関ヶ原の戦い——勝利した徳川家康の個人的な威望のみを恐れ、豊臣恩顧の大名たちは、関東の徳川（江戸）幕府に臣従していた。

しかし、その家康が死ねば、大名たちはなだれをうって、東海道を西へはせ参じ、秀吉の遺児・秀頼のもとへ、旧来通りの臣下の礼をとる可能性は決して少なくなかった。

そうなれば、豊臣家と幕府の二重構造の支配は再び、「豊臣」の旗のもとに一元化される可能性を秘めていた。

「もし、今、わしがこの世を去ったならば——」

家康にはその先が、明解に見えていたはずだ。なにしろ、一発勝負で期せずして転がりこんだ天下である。同じように、瞬時にして主《あるじ》を替える懸念は十二分にあった。

無論、家康とて打つべき手は、可能なかぎり打ちつづけてきた。

まず、秀頼を摂津（現・大阪府北部と兵庫県南東部）・河内（現・大阪府南東部）・和泉（現・大阪府南西部）の内に、六十五万七千四百石を領有する一大名の地位におとしめた。が、その住まう城が問題であった。家康にとって、最大の課題といってよい。大坂城だ。

秀吉が生前に構想した、大明国《だいみんこく》までをもふくむ東アジアの中心にそびえ立つ、〝三国無双〟――由々《ゆゆ》しき巨城が、家康の前に超然と立ちふさがっていた。

その場所は、かつて秀吉の主君であった織田信長が、ここに籠った本願寺門徒＝大坂本願寺を、十年間かけても、ついに落とせなかった難所に立っている。

その立地に秀吉は、最新の、ありとあらゆる工夫を施した。

そもそも大坂城は、上町《うえまち》台地と呼ばれる大坂最古の、そして最も堅固な洪積層《こうせきそう》の上――最北端部――に築かれていた。ふるくは聖武天皇（第四十五代）の難波宮《なにわのみや》が築かれた場所であり、大阪を象徴する地理的、文化的バックボーン＝丘陵地帯にあった。

もとは「をさか」と呼ばれ、「小坂」の字をあてたことも。今日の大阪城でいえば西方、谷町筋一帯にかけて著しい傾斜があり、それに由来した地名だったと伝えられている。

ここに、戦略的価値を最初に見出だしたのは、本願寺第八世法主《ほっす》・蓮如《れんにょ》であった。開祖の親鸞《しんらん》以来、かぼそく命脈を保っていたにすぎない浄土宗（開祖は法然《ほうねん》）の一派・浄土真宗を、一代で戦国最強の宗門に育成した人物である。彼は法線を全国に拡張し、門徒による一向一揆はついに、「百姓の持ちたる国」として、加賀国（現・石川県南部）の守護・富樫正親《とがしまさちか》を滅ぼして加賀一国を占拠するに及ぶ。

その凄まじいばかりのエネルギーは、あたかもヨーロッパにおけるローマ教皇のように、戦国日本を本願寺門徒で占めてしまいかねないほどの勢いを示した。

その中心人物・蓮如が、摂州東成《ひがしなり》郡生玉《いくたま》の〝庄内大坂〟と呼ばれた、、、この地に、「一宇《いちう》（一棟）の坊舎」を建立する。ときに、明応五年（一四九六）九月のことであった。

このとき蓮如は、八十二歳（その後、八十五歳で没）。

「虎狼《ころう》のすみか也。家の一《ひとつ》もなく畠ばかりなりし所也」（実悟《じつご》著『拾塵記《しゅうじんき》』）

この地は難波宮の興亡のあと、難波第一の大社＝生國魂《いくくにたま》神社の社地となっていた。生國魂神社の別当職（実務をつかさどる者）が法安寺《ほうあんじ》で、中世九つの子院を擁して、その法燈《ほうとう》を輝かせていた。いわば、、、ここに割り込み、やがて浄土真宗の坊舎は「大坂御坊」、「石山御坊」＝大坂本願寺と呼ばれるようになる。

それにしても、蓮如の目のつけどころは、さすがといわねばならない。上町丘陵の北端の高所を占め、東と北には平野川や大和川（宝永元年〈一七〇四〉につけかえる以前のもの）があり、付属して大小の河川がめぐっていた。そして西は、大坂湾の波浪が迫っている。

　この申し分のない要害の地を、織田家の城番《じょうばん》（城代）を経て、信長の後継となった羽柴（のち豊臣）秀吉が、一度は池田恒興《つねおき》に与えたものの、その後、自らの主城に考え直したものであった。

「惣構《そうがまえ》」が大坂城を難攻不落にした!!

　天正十一年（一五八三）四月二十一日、賤ヶ岳《しずがたけ》の戦いで織田家の筆頭家老・柴田勝家に勝利し、六月一日に京都入りした秀吉は、翌日、大徳寺《だいとくじ》において亡き主君・信長の一周忌を盛大にとり行った。

　この頃になって、ようやく心に余裕のできた秀吉は、その足で大坂へ向かい、大坂入城を果たしている。およそ二ヵ月、彼はここで、大坂本願寺の遺構を最大限に利用した、壮大な、これまでの日本にない――安土城をも凌駕した――巨城の建築計画の構想を漸次《ぜんじ》、拡大強化する方針を決する。

　三月、根来《ねごろ》や雑賀《さいか》といった一向門徒を討って紀伊を平定した秀吉は、六月に四国征伐を行い、七月には「関白」に任ぜられた。残すは、島津氏をはじめとする九州の諸勢力と関東の北条氏である。大坂城の天守は、この年の四月に完成している。

この城は本丸（公式の場）・山里曲輪《やまざとくるわ》（私的空間）・二の丸・西の丸・三の丸の五曲輪から成っており、まさに、天下人へと飛躍する秀吉の威勢を象徴する城であった（山里曲輪と二の丸を一つに考える向きもあるようだが）。

しかし、無類の城好きで、城造りを趣味にしたような秀吉は、できあがった大坂城に、それでも満足はしていなかった。彼の慧眼《けいがん》は、その外側へと向けられた。大坂城に鎧冑を装備するように、その外郭をいっそう強化すべく、秀吉は大工事に着手する。

――「大坂惣構《そうがまえ》堀」（駒井重勝著『駒井日記』・文禄二年～文禄四年成立）であった。

大坂冬の陣で二十万の徳川勢を見事にはねかえし、微動だにしなかった「城の外郭一里余にわたっての塁塀《るいへい》」（『日本西教史』下）である。

この「惣構」は最前線の構えのことで、普段は庶民が生活している地帯であった。臨戦態勢になると塀をつけたり、矢倉を建て、最前線の防御陣地に一変した。そのため大坂城の濠はことごとく石垣造りであったが、惣構だけは土居《どい》造りとなっている。

よく「惣構」と、三の丸を同じ曲輪と認識する人がいるが、これは明らかな間違いである。本来、「惣構」は城郭の外側であり、だからこそ大坂冬の陣で講和が成立したおり、

「惣構」は攻城方＝徳川方で壊し、二の丸、三の丸は城方＝豊臣方で打ち壊す、との約定《やくじょう》が成り立ったのである。「惣構」はあるにはあった方がよいが、城としての戦闘に関しては、それまではいわば計算外のもの、と考えられていた。

が、徳川方は大坂冬の陣において、この「惣構」に勝てなかった。

大坂城のモデルとなった城

逆説的にいえば、この「惣構」が備わっていたからこそ、大坂城は〝三国無双〟〝天下一の堅城〟と呼ばれる、大城砦《だいじょうさい》となったのである。

しかし、今日のわれわれは、その壮大な大坂城の全貌を知ることができない。幾つかの絵図と屛風絵を除いて、すべてにわたる正確な設計図が現存していないからだ。

大坂夏の陣で豊臣氏とともに滅んだ大坂城は、ほぼ全焼し、徳川幕藩体制下で再建されたものの、規模は六分の一に縮小され、本丸や二の丸の位置も異なり、なによりも高低差が大きかった。豊臣氏の大坂城を基準にすると、深いところでは二十メートル、浅い所でも四メートルの盛り土がなされていた（『日本歴史地名大系』）。

まして、その後に造られた＝今日、目にする昭和六年（一九三一）再興の大阪城天守閣では、秀吉がその生涯をかけて造りあげた大坂城を知る手がかりにはならなかった。

――話の角度を、少しかえたい。

筆者は大坂城のモデルは、小田原城ではないか、と考えてきた。

初代の北条早雲《ほうじょうそううん》（正しくは伊勢新九郎《いせしんくろう》、あるいは宗瑞《そうずい》）から五代九十六年――北条氏は代々、旧構を拡張しては本拠地・小田原城を改築してきた。立地は鎌倉以来、要害の位置にあった。なにしろ東海道一の難所＝箱根山を背にして、関東地方の入り口を扼《やく》している。

筆者は大坂城の築かれる前にあった大坂本願寺になくて、小田原城にあったものに注目した。壮大な総曲輪《そうくるわ》である。三の丸の外側に、城下町を囲む大外郭＝総曲輪が五里（約二十キロ）に及んで、天正年間（一五七三～一五九二）には築かれていた。

臨戦態勢になるや堀が現われ、矢倉が組みたてられ、これらの防御力が上杉謙信や武田信玄の攻撃からも城を守り、小田原城はびくともしなかった。

天正十八年（一五九〇）、秀吉は十五万の大軍でこの城を包囲したが、結局は大坂の陣の家康と同様、攻め込んで落としてはいない。

この時代、小田原城のようなスケールをもつ総曲輪は、日本のどこにも存在していない。総曲輪内に水源を確保し、南側は相模湾に面していたため、海上さえ封鎖されなければ、籠城戦となっても物資の補給は海から十分に可能であった。

秀吉が大坂城築城のおり、大いに参考にしたのも当然であったかと思われる。

大坂城で活かされた堀の構造

信長・秀吉による石積みの城塞建築が流行するまで、城の土台は文字通り「土」であり、「惣構」に関していえば、土をいかに深く掘り、その掘り出した土でどれほど高く土塁として積むか、「横矢《よこや》土塁」のようなものをつくるかが、城の難攻度を決したといってよい。叩き土塀、版築土塀といわれるのが、それである。

小田原城に現存する「総曲輪」の一部や山中城（現・静岡県三島市）の岱崎《だいざき》出丸の堀を実見すると、それまでの城にはみられない創意工夫がこらされた仕掛けが散見された。

――とりわけ筆者が驚嘆したのは、「畝堀《うねぼり》」の見事さである。

「惣構」を構成する巨大な空堀には、幾重にも「畝堀」が深く、急角度で設えられていた。畑の土を細長くもり上げ、本来は作物を植えつける「畝《うね》」を、城の防御用に開発、発展させたのが「畝堀」であり、空堀を降りて「惣堀」をくぐり、城内にたどりつこうとすると、いつの間にか背丈より高い下部へ導かれ、その反対側の急勾配の斜面を登りきらなければ、城内には到達できない仕掛けとなっていた。

高さは二メートルを越えるところもあり、しかも固められた、滑りやすい赤土である。また、畝の道を重ね、進化させた「障子堀《しょうじぼり》」——阿弥陀くじのような模様——の溝の上を歩いていると、そのまま狙い撃ちされることになり、それを避けるべく細い溝を進めば、いつしか蟻地獄のような底辺に追いつめられ、堀の上から弓や鉄砲の的となる。

小田原城の小型＝山中城は、秀吉軍の猛攻で落城したが、このおりの戦力は城方四千に対して、攻城方は六万七千であった。つまり白兵戦には十六倍の戦力が必要であったことになる（通常は十倍）。のちの大坂城は十万を超える籠城者があり、力攻めするには理論上、百六十万人の兵力が必要であったが、当時の日本にはそれだけの侍はいなかった。

要するに、大坂城はまともには落とせなかったのである。

平成十五年（二〇〇三）に大坂城大手口前の発掘調査において、「畝堀」と「障子堀」の遺構が確認されている。「惣構」には「物見櫓《ものみやぐら》」や「井楼櫓《せいろうやぐら》」も臨時に建てられ、土塀の上からも敵の侵入を阻んでいた（これらが、のちの天守となる）。当然のごとく、秀吉とともに小田原攻めに参加した家康も、そのことには気がついていたのではあるまいか。

クジ引きで決まった将軍の末路

城砦もそうだが、時の流れというのは奇妙なもので、歴史に影響を与えた人物の評価も、同時代から後世へと変化を遂げ、時代の余熱が冷める頃になると、まったく違ったものに定まってしまうことがままある。

たとえば、室町幕府の六代将軍・足利義教《あしかがよしのり》——今日、ほとんどこの人物は顧《かえり》みられることもなく、唯一、〝クジで選ばれた将軍〟として、ほそぼそとその存在を語られているにすぎない。が、その志は初代尊氏《たかうじ》、三代義満《よしみつ》、十五代義昭《よしあき》と比べても、決して遜色はなかった。むしろ十五代の将軍中、屈指の英傑ではなかったか、と筆者は考えてきた。

——将軍義教は、織田信長に酷似している。

明徳五年（一三九四）六月十三日に生まれた義教は、三代将軍義満の子であったが、上に四代将軍となる同母兄の嫡子・義持《よしもち》がいた。そのため当時の慣例に従い、兄の将軍就任に先立って応永十年（一四〇三）六月、十歳で仏門に入り、のち得度《とくど》して義円《ぎえん》と称した。

「天台開闢《かいびゃく》以来の逸材」といわれるほど学問に秀でて、十九歳で大僧正となったかと思えば（異説あり）、二十六歳で天台座主《ざす》という前代未聞の出世を遂げている。

もし、このまま仏門にありつづければ、どれほどの名僧となったであろうか。

人の運命はわからない。甥である五代将軍・義量《よしかず》（義持の嫡子）が十九歳で急逝したことから、次期将軍をめぐって、あろうことかクジ引きをすることとなった。一説には、クジで選んでも障りのないほど、すでに将軍の地位が有名無実化していた、ともいう。

義円がクジによって将軍と決まり、彼は義宣《よしのぶ》と名乗った。将軍宣下のおり、朝廷より「義敏《よしとし》」の改名内示があったが、義宣はこれに従わずに「義教」とあえて諱《いみな》を改めた。心に、自ら決するところがあったようだ。

その証左に将軍となるや義教は、一途に将軍権力の強化、幕府再建策を実行に移す。もともと室町幕府は、創業以来、有力守護の連合政権というのが実態であった。

すべての混乱の遠因は、初代尊氏が野放図なまでに気前がよく、六十余州のあらかたを、守護大名たちに分け与えてしまったことにある。将軍家の脆弱《ぜいじゃく》ぶりは、数名の有力大名が連合すれば、容易に踏み潰される程度の軍事力しかなかった。

将軍義教は自らの支配力を強化するため、「管領《かんれい》」の権限を抑圧し、守護大名家の家督相続に積極的な介入を行っている。自分のいうことを聞く者を山名《やまな》、大内《おおうち》、一色《いっしき》、赤松《あかまつ》、土岐《とき》、斯波《しば》と次々に当主へ据え、自らの勢力下とした。一方、天台座主の座には弟の義承《ぎしょう》を据えている。そうしておいて、永享六年（一四三四）十一月には常日頃、幕府のいうことを聞かず、専恣《せんし》な行動の多かった比叡山延暦寺に対して、武力弾圧を実行に移し、坂本

（現・滋賀県大津市坂本）まで軍勢を送って、比叡山を降参させている。

また、関東地方を代理支配すべく配置されながら、いつしか独立して勝手な振る舞いに出ていた関東公方（鎌倉公方）・足利持氏《もちうじ》と、叡山の僧兵が結託しているとの噂が流れると、翌年（一四三五）二月、叡山の山門使節を招致してこれを殺害した。怒った叡山側が、延暦寺の根本中堂を焼いてこれに抗議する、という事件があった。

戦国の覇王・信長の登場する、約百二十年前のことである。

その後、かつての南北朝の余韻を断ち切り、北朝をもって朝廷を運営させ、これに異議を唱えつづけた伊勢国（現・三重県の大半）の国司・北畠満雅《きたばたけみつまさ》を征伐。関東公方の持氏も、攻められて自刃に及んでいる。逃げ延びた遺児をかついで結城氏朝《ゆうきうじとも》が、永享十二年に世にいう結城合戦を仕掛けると、これを兵糧攻めにして打ち砕いた。

将軍義教の采配は、初代尊氏のときより以上に、幕権を強化させることになった。

いかに、凄まじいものであったか。伏見宮貞成親王《ふしみのみやさだふさ》（北朝第三代崇光《すこう》天皇の孫で、後花園《ごはなぞの》天皇〈第百二代〉の父）は「天魔の所行」「万人恐怖」と日記に述べたほどである。

「薄氷をふみ」「刃をわたる時節」というのもあった。

義教の命令に反する者は皆、厳罰に処せられていった。そしてついに、結城合戦の勝利の祝宴を名目に、嘉吉《かきつ》元年（一四四一）六月二十四日、播磨国（現・兵庫県南西部）守護・

赤松満祐《あかまつみつすけ》の催した宴《うたげ》に誘い出され、将軍義教は弑逆《しいぎゃく》されてしまう（嘉吉の乱）。享年四十八。日本の歴史をもう少しで、大きく変えたであろう男は、後世の信長ほどには評価されず、歴史の闇に消えていった。

帝王学を説いた男・細川勝元

将軍義教の死後十二年目、享徳二年（一四五三）になって、室町幕府将軍の心得を説いた一文が述べられた。以下、その冒頭部分＝総論を掲げてみる。

君タル事ハ、万人ヲ順《したが》ヘ民ノ志ヲ見ル事ナリ。君ノ行跡悪《ぎょうせきあ》シケレバ民順ハズ、上ニハ順フト言ヘドモ、大事ニ及ンデハ、イヅレモ背《そむ》ク者ナリ。上君ノ行跡ヲ学ビ、国ノ風ニ至ルマデ、皆悪クナル者ナリ。故ニ君ノ行跡、独《ひと》リヨク慎《つつし》メバ、臣下モソノ身ヲ慎ミ、法礼ヲミダラザレバ、国家治《おさま》ルモノナリ。（『君慎《くんしん》』）

意味は、「君（将軍）たる人は、民の心の向かうところを見なければならぬ。将軍の行跡が悪ければ、民が従う道理はない。また、従うように見えても、肝心なときになって背《そむ》くものだ。国々の風紀もすべて悪くなることであろう。したがって、将軍が身を慎めば、臣下も身を慎み、法と礼を守るであろうから、天下もよく治《おさ》まるであろう」となる。

室町幕府の管領・細川勝元《ほそかわかつもと》が八代将軍・足利義政《あしかがよしまさ》に説いたもので、いうところの〝帝王学〟である。管領とは、もと足利家の家宰のことで、幕府創業後は、政務長官の役割を担うこととなった。なかでも守護（大名）中、最も権勢のあった三家＝斯波《しば》・細川・畠山の〝三管領〟が、交替でつとめ、有力守護の合議を基調とするのが幕政運営であった。

細川勝元は管領家の嫡子として生まれ、幼くして聡明丸《そうめいまる》と名づけられた。なるほどその名に違《たが》わず利発な子に成長し、文安二年（一四四五）三月、十六歳にして管領となっている。ときの将軍は、わずか十歳の足利義政である。

勝元は和歌や連歌《れんが》をよくし、ことに芸能を愛したといわれ、それだけにさまざまな逸話《エピソード》を残している。『碧山日録《へきざんにちろく》』（臨済僧・太極《たいきょく》著）によれば、

「勝元の邸の構えや造り、道具を見ると、まるで王侯のもののようである。庭園には池があって鴨《かも》や雁《がん》が飛来し、亀や魚が泳いでいる。彼は参禅してほぼ悟りも開き、慈悲の心ももっていて、飢えた民に食を与えて救済することもしている」（意訳）

といった具合であったから、彼には先の『君慎』を書くべき立場と条件が備わっていた。

もっともこの帝王学が、実際に将軍義政に上呈されたか否かは、実のところ詳《つまび》らかでは

ない。『君慎』のなかには、次のような一文もあった。

「人ノ器《うつわ》ニヨリソレゾレ使フハ君（将軍）ノ職ナリ。故《ゆえ》ニ見損《みそん》ズル時ハ君ノ過《あやまち》ナリ」

これなどは現代「令和」の組織にも十分に通用する言辞であり、トップはいうまでもなく、中間管理職においても金科玉条とすべきではあるまいか。

しかし将軍義政は、『君慎』を心底から学ばなかった。彼が勝元の言に従っていれば、日本史上最大の内乱、応仁の乱は起こらなかったに相違ない。

女帝・日野富子登場の意味＝活かされなかった『君慎』

康正元年（一四五五）八月、将軍義政は日野家から正室・富子《とみこ》を迎えた。ときに義政二十歳、富子十六歳であった。その富子は長禄三年（一四五九）正月、待望の男子（嗣子《しし》）を出産したが、日を経ずして夭折。以後、男児に恵まれなかった。

そのため義政は、弟の義視《よしみ》を後継将軍に定め、管領である細川勝元を後見人とした。寛正五年（一四六四）のことである。

ところが、将軍継嗣を定めた翌寛正六年十一月に、皮肉にも富子は男児（義尚《よしひさ》）を出産する。当然のことながら彼女は、己れが腹を痛めた義尚に、次期将軍職を譲りたい。

だが、奔走しても、一度決められた家督相続を撤回させるのは至難の業《わざ》であった。

何よりも義視の後見人勝元の、幕政に占める権勢が、将軍家を越えて強く、巨大であったからにほかならない。ここで富子が、わが子を将軍にすることをあきらめたならば、日本史は後世の流れを、大きく変えたであろう。何よりも、日本人の中に〝下剋上〟が芽生えるのが、随分と遅れたに違いない。

しかし、富子はあきらめられず、実子義尚に将軍職を継がせることに執着した。勝元に対抗するには、彼と拮抗する強力な味方が必要であり、富子は中国地方を中心に十数ヵ国を領有する、守護・山名宗全（「まえがき」参照）を味方に引き入れることに成功する。

応仁元年（一四六七）五月に始まる大乱は、こうした富子の画策で生じた勝元と宗全の対立、さらにはこれに残りの管領二家＝斯波、畠山両氏の反目や家督争いが重なって勃発し、歴史に残る長期内乱となった。争いがきわめて複雑化したのは、勝元と宗全を仲裁、調停できる人物がいなかったことが何より大きい。

東西両軍の小競り合いは、五月雨《さみだれ》のようにパラパラとつづくものの、終局に向かう機運はいっこうに生まれず、延々十一年にもおよんで抗争は長びいた。

この間、京の都は完全に焼け野原となってしまう。

その後、肝心の勝元と宗全が没し、厭戦《えんせん》気分もあって、抗争は終結へ。将軍義政も嫌気がさして、息子の義尚を将軍に据えると、自身はさっさと東山の別邸に退隠してしまう。義尚が、九代将軍に就任したのは、文明五年（一四七三）のことであったが、乱はそれから五年もつづいた。それでも母・富子の願望は、ここに成就した。

この時、彼女は三十四歳。だが、当の将軍義尚は、九歳でしかなかった。本来ならば、隠居した義政が「大御所」として、政務をみなければならなかったが、彼は現実から完全に逃避してしまう。

加えて、義政と富子の夫婦も不和が高じて、翌文明六年、別居同然となった。そのため富子が、義尚の後見人として政治に関与することとなる。その姿は外見上、己れの目的を達した彼女が、幕政をも思うがままに動かしているようにみえたかもしれない。

しかしながら、長びいた応仁の乱は、室町幕府の権威を完全に失墜させ、地方の守護たちも京の都で戦《いくさ》に明け暮れていた間に、地元での権力をその代行者——たとえば、下位の守護代や国人・土豪——に奪われ、その地位は有名無実化していく。

細川勝元の『君慎』無視は、結果として日本に〝下剋上〟の気運をもたらしてしまう。上の者の行跡が悪ければ、下の者は上の者を嘗《な》めてかかり、ついには取って代わろうとする——〝下剋上〟はある意味、歴史の道理といえようか。

それにしても、〝悪女〟の典型のようにいわれる日野富子も、夫・義政の「君タル事」

のなさが創り上げてしまった、哀れな女性といえなくもない。

鉄砲を日本に伝えたのは、ポルトガル船ではなかった！

〝女帝〟富子の思惑に端を発した応仁の乱――やがて訪れた戦国時代で、画期的（新時代を開くと思われるほどにめざましい）役割を果したのが鉄砲であった。

天文十二年（一五四三）八月二十五日、種子島《たねがしま》にポルトガル船が漂着し、鉄砲が伝来した、と種子島南端の門倉《かどくら》岬（門倉崎）にある「鉄砲伝来紀功碑《てっぽうでんらいきこうひ》」の説明板にも、そのことは明記されている。

ところが、日本側の最も詳しい文献『鉄炮記《てっぽうき》』（薩摩国大龍寺《だいりゅうじ》の僧・南浦文之《なんぽぶんし》が慶長十一年〈一六〇六〉、種子島時堯《ときたか》の子・久時《ひさとき》の依頼により著した、鉄砲の伝来記）には、

「天文癸卯《みずのとう》秋八月丁酉《ひのととり》、我が西村（現・鹿児島県西之表《にしのおもて》市）の小浦に一つの大船あり、何《いず》れの国より来《きた》るというふことを知らず、船客百余人、その形類《かたちるい》せず、その語通ぜず、見る者以《もっ》て奇怪となす」

と記されていた。ポルトガル船だった、とは触れられていない。

なるほどポルトガル人が乗っていた大きな船ではあったろうが、正しくは中国船の

戎克船《ジャンク》であったかと思われる。『鉄炮記』に拠れば、五峯《ごほう》という中国人が乗船しており、彼が「西南蛮種《ばんしゅ》之賈胡《かこ》（西方の商人）也《なり》」とポルトガル人を紹介している。

「賈胡の長二人あり、一を牟良叔舎《フランシスコ》と曰《い》ひ、一を喜利志多・佗太《キリシタ・ダ・モッタ》と曰ふ。手に一物を携《たずさ》ふ。長きこと二、三尺（およそ六十〜九十センチ）、その体《てい》たるや、中通じ外直《すぐ》にして、重きを以て質となす」――これこそが、鉄砲であった。

通史ではいつしか、種子島の島主・種子島時堯（十六歳）は、伝来した鉄砲二挺を二千両で購入した、ということになっているが、この頃、戦国日本に小判は、いまだ出現していない。『鉄炮記』には、「時堯その価の高くして及び難きことを言はずして、蛮種の二鉄炮を求めて、以て家珍となす」とのみ述べられていた。よほど時堯は、この飛道具が気にいったようだ。「いくらでもよいからくれ」というようなことは、いったのだろう。

相当高価をふっかけられたとはいえ、二挺二千両とは記されていない。

ちなみに、金一両は四・四匁《もんめ》で、十六・五グラム。金一グラムを千三百円とすれば、二千両＝三十三キロだから、四千二百九十万円となる。つまり、一挺の鉄砲は二千百四十五万円であった。失礼ながら、種子島当主にポンと出せる代価とは思えない。鉄砲の凄さを認識した後の、思い込みの誤認であったろう。

堺に信長が課した矢銭は六億円！

鉄砲といえば信長だが、

「尾張の田舎大名に、二万貫文もの大金が払えるか」

と堺の豪商たちをして、顔を真っ赤にして怒らせた相手も信長だった。

永禄十一年（一五六八）九月、足利義昭を奉じて上洛した信長は、京に旗を立てる＝〝天下布武〟を宣言するや、その翌月には、摂津（現・大阪府北部と兵庫県南東部）と和泉（現・大阪府南西部）に各々、矢銭《やせん》を課した。矢銭とは、いわゆる軍事拠出費のことである。

信長は、摂津の大坂本願寺に五千貫文を、堺の町衆には二万貫文を求めたのであった。

これに対して、本願寺はこの時点では従順に支払いに応じている。

本願寺としては、まだ信長と正面きって戦うつもりはなかったのであろう。

だが、自治都市としての矜持《プライド》をもつ堺は、畿内に隠然たる勢力をもつ三好氏を頼って、この申し出を拒絶した。もっとも突っぱねたのは、単に意地のためだけではなかった。要求額が、あまりにも大きすぎたからである。

一般に、中世・近世の貨幣価値は、現在のそれと比較しにくく、理解しがたい。

いま、ひとくちに二万貫文といわれても、読者の多くは実感がともなわないに違いない。

――少し、脇道に逸れるのを許されたい。

天文年間、といっても信長の二十歳前後のことだが、この頃、およそ銭百文は米四升が相場であった。いま、自主流通米を十キロ五千円とすれば、一升は約七百五十円となり、四升で三千円となる。

一貫文は銭一千文であるから、百文＝三千円の十倍の三万円が、一貫文の今日的貨幣価値と見做《みな》せよう。したがって、二万貫文は六億円となる。

ただし、米は収穫量によって相場も変わるし、現在の米価はきわめて高いから、かなり割引く必要はあるだろうが、いずれにしても、信長は堺に莫大な軍資金を強要したわけで、金が生命《いのち》の堺商人が憤慨したのも無理はない。

堺は結局のところ焼き討ちにするぞ、と信長に脅されて、二万貫を拠出したが、堺はそのおかげで信長と結び、黄金期を迎えることになる。

鉄砲の量産とコストダウン

筆者が右のような計算を試みたのは、史上有名な長篠《ながしの》・設楽原《したらがはら》の戦い――一般には武田勝頼の騎馬軍団に、信長が三千挺もの鉄砲を使用した（太田牛一著『信長公記《しんちょうこうき》』では一千挺）

――を、経済面からとらえようとしたからに外ならない。

前述したように、天文十二年（一五四三）、種子島に鉄砲が伝来したおり、これを購入した領主・種子島時堯《ときたか》が、ポルトガル人に二挺で二千両を支払ったとされる。

煩雑さを避けるために、過程は省略するが、約三十年後、日本人は国産による大量生産を実現し、鉄砲一挺を約五十万円にまで、コストダウンさせることに成功した。

信長はこの鉄砲を三千挺も揃え、長篠・設楽原（現・愛知県新城市《しんしろ》）で大量投入――このとき、信長は鉄砲の三段撃ちなる戦法を使ったというが、テレビドラマや映画で再現されているような方法ではなかった――を行ったのである。

もちろん、すべてを新調したとも思えないから、仮に半数を新品でまかなったとしても、ざっと七億〜八億円を、信長は鉄砲購入費に充当したことになる。

これは堺と本願寺からせしめた額＝矢銭を上回っていた。

しかも、鉄砲は弾丸がなければ用をなさない。火薬も必要であったが、原料の鉛や硝石は海外に多くを依存していた。これらの輸入費もばかにはなるまい。

加えて、「鉄砲足軽」と称する特殊技能者を常時雇用して、鉄砲操練を積ませねばならなかった。そのための、人件費も入用である。

信長はこれらを四十二歳のおり、長篠・設楽原の戦いにおいて思う存分に活用し、〝無敵〟といわれた武田氏に大勝利をおさめたのである。

ちなみに、長篠・設楽原の戦いにおいて、武田勢には投石を専門とする一隊＝最前線三千人程があったが、一方で彼らは鉄砲をほとんど使用していなかった。

武田勝頼の父・信玄の好敵手であった上杉謙信ですら、この頃の鉄砲保有数は、わずかに三百挺でしかなかったという。彼らは鉄砲の威力を認めず、鉄砲を持たなかったのではなく、筆者は保持するだけの経済力を持たなかったのではないか、と考えてきた。

信長が〝天下布武〟に王手をかけ得た要因について、多くの理由が挙げられているが、その経済力――わけても渾身、コスト計算にうちこんだその姿勢こそは、高く評価されてしかるべきではなかろうか。

徳川家康の遺言も、日課念仏も贋作!!

信長と同盟を結び、ついに関ヶ原の戦いで天下を取った家康が、その三年後の慶長八年（一六〇三）正月十五日に認《したた》めた、と伝えられる遺訓がある。

これは有名であり、多くの人が知っている。

人の一生は重荷を負《おい》て遠き道をゆくが如し、いそぐべからず、不自由を常とおもへば不足なし。こころに望《のぞみ》おこらば、困窮したる時を思ひ出《いだ》すへし。堪忍《かんにん》は無事《ぶじ》長久《ちょうきゅう》の基《もとい》、いかりは敵とおもへ。勝事《かつこと》ばかり知《しり》て、まくる事をしらざれば、害其身《がいそのみ》にいたる。おのれを責《せめ》て、人をせむるな。及《およば》ざるは過《すぎ》たるよりまされり。

ところが、この「東照宮御遺訓」は家康の親筆ではなく、後世の人々の仮託によるものであった。つまりは、ニセモノである。明治に入ってから、旧幕臣の池田松之助《まつのすけ》という、家康の筆跡によく似た字の書ける男がいて、彼による偽筆であることが、尾張徳川家二十一代当主である徳川義宣《よしのぶ》・徳川美術館館長によって、実証されている（「一連の徳川家康の偽筆と日課念仏」・『金鯱叢書《きんこそうしょ》』第八輯所収）。

筆者はことさらに、そのニセモノを云々するつもりはない。ここで歴史学上重要なのは、このニセ遺訓が家康の評価が定まった段階（明治十七年〈一八八四〉頃）でつくられたものであり、必ずしも家康その人の真の姿と重なるものではない、ということだ。

明治の世になって、ふり返って「そういえば――」と思い浮かべられた家康像は、皆目、史実の家康とは似ても似つかない人物となっていた。その家康の偶像が、「明治」「大正」「昭和」「平成」「令和」と固定され、今日に伝えられていることになる。

いったいこの虚像から、われわれは何が学べるのだろうか。

同様に、家康の晩年の心境を伝えるものとして、「日課念仏」も世に知られている。縦二十数センチの料紙に、「南無阿弥陀仏」の六字名号《みょうごう》を六段に書写したもので、細かい字で透《す》き間《ま》なくつづられていた。

ところどころに「南無阿弥家康」とあり、これらは一日でここまで書いたという家康の示したものとも。なかには署名に交《まじ》って、日付が記されたものもあった。

筆者も以前、大阪城天守閣の懸軸《かけじく》、五島美術館蔵の巻物仕立てのものをみたことがある。確か、「昭和」の戦前に国の重要美術品に指定されたものもあったはずだ。

家康の信仰心、御仏《みほとけ》にすがって乱世をしずめたいと願った心などといわれたが、これらもすべて贋作であったことを、先の徳川義宣が明らかにした。「南無阿弥陀仏」――。

宮本武蔵が巌流島で倒した佐々木小次郎は老人だった?!

飛び道具＝鉄砲が出たついでに、刀剣の斬り合いについて――。

二天一流の剣豪・宮本武蔵が、佐々木小次郎こと〝巌流《がんりゅう》〟と仕合《しあ》ったのは、吉川英治の小説『宮本武蔵』に詳しいが、おかげで史実の武蔵は、えらく得をしている。

史実の彼は沢庵《たくあん》和尚と面識はなく、柳生石舟斎《やぎゅうせきしゅうさい》――宗矩《むねのり》父子とも邂逅《かいこう》（出会い）していない。すべては、創作であった。

武蔵の生涯には、二十二年の空白期間があるが、彼はその一時期、江戸にいて二刀流の道場を開いていた、と林羅山《はやしらざん》は証言している。

併せて、三代将軍・徳川家光の軍学師範・北条氏長《ほうじょううじなが》に自らは剣を教え、かわりに氏長から軍学を学んでいたという（荻角兵衛《おぎかくべえ》著『新免武蔵論』）。

武蔵は懸命に、将軍家師範への仕官をはたらきかけたようだが、武蔵には明らかな試合の成果は少なく、より以上に重要な合戦における功名――一番槍、一番首、殿軍《しんがり》など――を証明する請文《うけもん》も、一つとして持ち合わせていなかった。

史実は、物語とはまったく違っていたといってよい。

巌流島《がんりゅうじま》（正しくは船島《ふなしま》）の決闘しかり――武蔵の死後、百二十年を経て、その弟子筋の手で書かれた『二天記《にてんき》』に、「巌流小次郎」は「富田勢源《とだせいげん》の弟子で打太刀《うちたち》をつとめた」とする記述があった。勢源は信長時代の人。

その晩年の弟子だとしても、武蔵と仕合ったときには六十歳を越え、打太刀をつとめる高弟なら七十近くになっていたはずだ。十八歳（『肥後異人伝』）は、そもそもあり得ない。

史実の武蔵（二十九歳）は、相当年配の小次郎を、三時間半待たせた挙げ句、船で海上から島へあがり、いきなり木刀を持って近寄り、打ち倒していた。しかも、脳震とうを起こして倒れた小次郎が、息を吹き返したところを、武蔵の弟子たちが寄ってたかって討ち殺した、と小倉藩細川家門司《もじ》城代の沼田延元《のぶもと》の著した『沼田家記《ぬまたかき》』にある。

このときの様子を、武蔵の養子伊織《いおり》は、決闘から四十二年後に、

「両雄、同時に相会《あいかい》す。巌流、三尺余の自刃を手にして来《きた》り、命を顧《かえり》みずして術を尽くす。武蔵、木刀の一撃をもってこれを殺す。電光なお遅きがごとし。故《ゆえ》に俗に船島を改めて巌流島といふ」（小倉碑文）

と刻んでいる。

手向山《たむけやま》（現・福岡県北九州市小倉北区）山頂に、この碑文が建てられたのは承応三年（一六五四）であるから、武蔵の死後九年ということになる。

まだ、事情を知る人も多く存命していたであろう。それだけに伊織にしても、誇張した内容は書きにくかったはずだ。

実は決戦の前、互いの門人はもとより、見届け人の細川家の家臣以外、人を島にあげない、との約定を武蔵と〝巌流〟は交わしていたのだが、武蔵はそれをやぶり、さらには卑劣な所業に及んだ。

「生かしては帰さぬ」

と小次郎の門人たちが、小倉で待ち構えていると知って窮した武蔵は、沼田に救いを求め、城中でしばらく匿《かくま》ってもらってのち、沼田家の家来に鉄砲一小隊を警固につけてもらい、父・無二斎のいる豊後（現・大分県の大半）まで送り届けてもらっている。

――これが史実であった。

論より証拠、勝者の武蔵は細川家に仕官がかなわなかった。

彼がその老いの面倒を細川家にみてもらうのは、それから空白の時間を挟んだ二十八年後、一説に武蔵が五十七歳になってからのことであった（享年は六十二）。

第一章◎戦略・戦術の虚実

戦国最強・武田の騎馬軍団は信玄の演出だった?!

脆弱な地盤からスタートした信玄

天文十年（一五四一）、甲斐（現・山梨県）の守護・武田信虎《のぶとら》は、国内の土豪たちと今川家の謀略により、国外へ追放されてしまった。ときに信虎、四十八歳。下剋上であった。

この時、信虎の嫡子・晴信《はるのぶ》（のちに号して信玄）は二十一歳の青年であった。

便宜上、担がれて国主の座についたものの、その実体は飾り物にすぎず、信玄の命令が通用したのは、せいぜい三里（約十二キロ）四方でしかなかった。この脆弱な境遇から、彼はどのように脱して、史上に残るカリスマ性を築いたのであろうか。

合戦そのものには、力不足で参画できなかった信玄は、領内の治水政策を進めながら、

「甲州法度《こうしゅうはっと》之《の》次第《しだい》」と名づける刑法・民法・商法などを一括した、独自の家法（家政における掟）を制定した。この中で信玄は、自らも法度の対象だと述べている（二十六歳）。法度を整備することにより、ようやく国人合議の席に参加し得た信玄は、生涯を通じての軍事的方針＝「戦わずして勝つ」を次第に明確化していく。

彼は何よりも、敵情視察やその分析による内部攪乱といった、情報重視の戦術を採用し、戦場で人命を損なうことを極度に怖れた。

江戸時代のベストセラー軍記物『甲陽軍鑑《こうようぐんかん》』には、稀代の軍師として山本勘助《かんすけ》（一説に勘介あるいは菅介）という人物が登場するが、この勘助が行ったとされる数々の事績については、各々を分担した多くの武田系情報将校がいたのであろう。

新規召し抱えの家臣のみならず、諸国をめぐる兵法者、山岳修行を行う山伏《やまぶし》、歩き巫女《みこ》、傀儡師《くぐつし》、高野聖《こうやひじり》といった人々から、諸国の内情や地理、諸大名・家臣の能力、家政の状況など、信玄は可能なかぎりのデータを、積極的に入手している。

このうち歩き巫女は、神社に専属しないで各地を漂泊する民間の巫女のこと。村落に寄食して、祈禱や、神降ろしなどの口寄せ、勧進などを行った。

とりわけ下級の者は、ときに売春も行い、里巫女《さとみこ》、旅女郎、白湯文字《しろゆもじ》などとも呼ばれた。私娼的な面もあるがゆえに、世情に詳しい。

傀儡師は、「傀儡子」とも書き、人形遣いの古い呼び名である。中国で操り人形のことを「傀儡《かいらい》」と呼んだことに由来する。日本の傀儡師は、もともと渡来人であったという説もあり、古代から集団《グループ》をなして、男子は通常、狩猟を行い、女子はときに売春を生業《なりわい》として、人里に出ると操り人形を披露していた。

高野聖は文字通り、高野山から出て、寄付を募りながら諸国を遊行《ゆぎょう》した僧のこと。厳しい仏法修行をした者も多いが、妻帯したり、生産に従ったり、半僧半俗の生活を営む者も多く、近世になると主として、乞食《こつじき》僧・行商僧をさすようになった。いずれにせよ、素性の怪しい存在である。

信玄は、こうした他国の情報に詳しい放浪者の情報を集め、その中から信頼できるものを選択して、侵略すべき先方の国状を探り、その弱点《ウィークポイント》を探した。

主君が暴君であれば部将＝国人衆を離反させ、国人のなかに優れた人物がいれば、まず味方に誘った。拒絶されれば一転、誹謗中傷のニセ情報を流して、その人物が力量を振るえない状態に貶《おとし》めた。そして内乱を誘発させ、共倒れの寸前にまで追い込んだのちに、甲州軍団を出撃させたのである。

無敵軍団の正体

むろん信玄は、軍団をいかに強くみせるか、〝無敵〟を宣伝することにも努めている。

信玄の時代、戦場での主力はすでに騎馬ではなく、徒歩で戦場狭しと走り回る足軽の集団となっていた。彼らは騎馬隊がやって来るのを待ち伏せ、斬馬刀《ざんばとう》とよばれる薙刀《なぎなた》の一種を手に持って、馬脚をすくい、落馬する武士を寄ってたかってなぶり殺しにする。これが、当時の足軽戦法となっていた。

したがって甲州軍団でも、騎馬武者一騎には複数の足軽がつき従っている。

にもかかわらず、甲州軍団＝騎馬隊と連想するのは、すべて信玄の仕掛けたイメージ広告、策略《トリック》であったといってよい。

素早く相手勢力の情報を察知し、対応策を練り、戦場に赴くまでには敵陣営を内訌《ないこう》させて、自滅寸前に追い込んでおく。あとは、速度《スピード》のみ――。

加えて、甲州軍団の中には鎧冑《よろいかぶと》、馬の鞍《くら》、鐙《あぶみ》（馬に乗るときに足を踏みかけるもの）、槍の柄などの装備を〝朱〟に塗りつぶした、〝赤備え《あかぞなえ》〟と称される戦国時代最強を謳われた集団があった。彼らは精強で鳴る武田武士の中で、さらに選りすぐられた将士であり、いかなる戦局に臨んでも、けっして後退することのない、決死の一軍であった。

信玄の晩年、敵対する勢力はこの〝赤備え〟が戦場に出現すると、それだけで恐怖が先に立ち、戦わずして退き逃げるようになったという。

名将信玄は脆弱な基盤からスタートし、情報戦略、イメージ広告を駆使して、名実ともに〝天下無敵〟を称された武将となったのである。

もし、隣国に天才戦術家の上杉謙信が同時代に存在していなければ、あるいはもう少し信玄に余命があれば、彼は上洛を果たし、天下に号令したことであろう。

元亀四年（一五七三）四月十二日、上洛戦の途次、三河在陣中に病を発したこの名将は、帰路の途次、信州伊那郡駒場《こまんば》（現・長野県下伊那《しもいな》郡阿智《あち》村）でこの世を去った。享年は五十三であった。

信玄の父・信虎は城も築いていた?!

武田信玄の父で甲斐守護であった武田信虎は、これまで漠然とつづいてきた一族の関係を、明確な主従関係へ、つまり守護である武田家当主を頂点とした、ピラミッド型＝縦の集権政体に、つくりかえようとした。

信虎はこのとき、純然たる守護大名から、戦国大名への第一歩を踏みだしたといえよう。

その具体例の一つが、三百二十余年間、武田の宗家が住んだ石和《いさわ》の館（現・山梨県笛吹市）を、躑躅ヶ崎《つつじがさき》（現・山梨県甲府市古府中町）に移したことであった。

現在の山梨県南都留《みなみつる》郡富士河口湖町にある、常在寺《じょうざいじ》の住僧が書きつづけた記録＝『妙法《みょうほう》寺記《じき》』（別に『勝山記』）には、次のようにあった。

「当国栗原殿を大将として、皆々屋形（信虎）をさみし奉りて、一家国人引退きたまう」

栗原氏は東郡《ひがしごおり》の国人。西郡の大井氏、今井氏に並ぶ甲斐の有力国人であり、彼らは一度は躑躅ヶ崎に来館したものの、「そのままこの地へ居を構えよ」という信虎をさみして（馬鹿にして）、甲府からそうそうに引きあげたというのだ。

怒った信虎は、すぐさま手勢を集め、三氏を一度に奇襲。三日間で降伏させた。

しかも信虎は、降伏した三人の叛将を殺すことなく許している。

このあたり、後世に語り継がれる残虐な信虎の像と、実際の彼はだいぶ違うようだ。

今日まで武田信玄を語る多くの書は、極端なまでに信玄びいきであり、これらは信玄を美化しようとするあまり、必要以上には歴史資料をあたらず、吟味せず、よく政権交代のおり、前政権を罵倒、批難するのと同じ論法で、信虎をただの暴君・人非人と決めつけて述べることが多かったようだ。

けれど信虎の実像は、真に名将の名にふさわしいものであった。

現に三日で有力国人の三氏を跪《ひざまず》かせ、大井信達からは予定通り、実力でその娘を妻に貰《もら》い、当初の計画どおり、一族の家臣団への編入を成し、国内統一の基礎を固めたのだから。

また、永正十七年六月——有力国人三氏を降参させた直後——信虎は躑躅ヶ崎館の北東約二キロの地点にある、積翠寺《せきすいじ》背後の丸山を城にすべく普請を開始している。

いざというときのことを考慮して、要害《ようがい》の城を信虎は築いていたのだ。

「人は城、人は石垣」——武田家には勝頼の代まで、国主が城と呼べるものを持っていなかった、というのはどうやら間違いのようだ。現にこの要害城で、信玄は生まれている。

信玄一代は、実力に相応しい城は築かなかった、といい直すべきかもしれない。

「人は城、人は石垣」の事情とは?!

一方、父・信虎を追放され、新たに国主となった信玄は、〝下剋上〟の波に乗る重臣・板垣信方《のぶかた》の傀儡《かいらい》にすぎず、大半の国人・土豪たちもいまだ、武田家の家臣というよりは傍観者の域を出ていなかった。そのため信玄は、新たに国主となった自分も「甲斐共和国」=豪族連合軍の一員であるということを、平素から宣伝に努めねばならなかったのである。

――ここに、躑躅ヶ崎の館が重要な意味をもって登場する。

父信虎が築いたこの館は、東西百五十五間《けん》、南北百六間、土堤の高さ一丈《いちじょう》の、丘の周囲を堀がめぐる簡素なものであった。

館内は三つの郭《くるわ》に分かれ、その一つが「甲斐共和国」の政庁ともなっていたという。堀の外には館を中心に街造りが進められ、家臣＝国人や土豪たちの屋敷割、さらに南には職人町、三日市、八日市などの市場が設けられていた。

時代は少しずつ専属家臣団制へと移行していたが、後進地の甲斐では保守性が強く、国人・土豪たちは、自分の領土を離れて、躑躅ヶ崎の館へ移り住むことを喜ばなかった。しかし、防衛力の弱いこの館では、万一、大敵が進攻して来たおりには、これを防ぎ、籠城するということができない。信玄は国人・土豪たちの移住を懇願するか、館を城郭らしく補強するか、あるいは別に城を築くか、の選択に迫られる。

新国主はどう動くか、国人たちは好奇心も含め、固唾《かたず》をのんで見守っていたに相違ない。甲斐国の将士＝国人・土豪を再編成するには、まず信虎時代の強権政治を否定し、できるかぎり実力派の国人たちと同化をはからねばならない、と考えた信玄は、選択肢の中から最初に、危険を承知で館の要塞化《ようさい》、別の城の築城案を放棄しなければならなかった。

これらの選択肢は、財力と労働力が必要であり、この時点で無理に強行しようとすれば、国人たちとの断絶を招きかねない。かといって手薄な今のままでいると、謀叛のために討たれてしまう可能性も高かった。さて、信玄はどうしたか。

守護としての矜持《きょうじ》を崩さず、国人たちの中に、無防備でわが身を晒《さら》す挙に出た。

〝身を捨ててこそ、浮かぶ瀬もあれ〟である。

今日、信玄の作だと伝えられる（おそらくは違うであろうが）、

「人は城、人は石垣、人は堀、情は味方、讎《あだ》は敵なり」

という歌にも、漠然とではあるが、信玄の苦心して身につけた生き方が思われる。

もっとも、万一の場合を考え、館の周囲には実弟の武田刑部少輔信廉《しょうゆうのぶかど》（逍遙軒《しょうようけん》）をはじめ、信頼のおける部将（穴山信君《のぶきみ》、高坂昌信《こうさかまさのぶ》、馬場信春、横田高松）などの邸をもうけていた。

さらに、二キロほど北方にある積翠寺の山城を、籠城《ろうじょう》用の城として用意してはいたが、やはり一朝《いっちょう》ことが起きれば、それで信玄の命運も尽きたのではあるまいか。

彼はそれを承知で、あえて築城を放棄した。その姿勢にはむしろ、居城を築城するようなことがあれば、そのときこそ甲斐共和国は崩壊するのだ、と思い定めていた様子がうかがえる。事実、天正九年（一五八一）、六十三年の伝統を閉じて、この館を捨て、新府韮崎《しんぷにらさき》城を築いた次代の武田勝頼は、まもなく甲州無敵軍団の終焉《しゅうえん》とともに滅亡した。

第四次川中島の戦い、敗れたのは信玄だった!!

今なおファンの多い、武田信玄と上杉謙信――この二人が対決した、世に名高い第四次川中島の戦いから、ちょうど百年後の寛文元年(一六六一)、米沢藩上杉家の家臣・丸田左《まるたさ》門友輔《もんともすけ》が著した『北越耆談《ほくえつきだん》』に拠れば、世紀の一戦、先手を越後上杉勢にとられた甲州軍団は浮き足だち、信玄めざして討ちかかってくる越後上杉勢に対して、甲州軍団の本隊は窮地に追いこまれたようだ。

後世の講談(もとは江戸時代の軍記物『甲陽軍鑑』)では、八幡原《はちまんばら》(現・長野県長野市)に本陣を置いた信玄に、果敢にも上杉謙信が馬上斬りつける、といった一騎討ちの名場面を生む土壌が、ここにあった。

もっとも、上杉家の〝正史〟である『上杉家御年譜《ごねんぷ》』では、実際に信玄に斬りつけたのは、荒川伊豆守長実《ながざね》であったと述べている。すなわち、

「荒川伊豆守馳《は》せ来たり、信玄を見すまし三太刀で討つとも徹《てっ》せず、信玄太刀ぬき合わす間もなく、団扇《だんせん》をもって受けはずす。すでに危うかりしところ」

とあった。

――それでも信玄は、山のごとくに動かなかった。

やがて巳ノ刻《みのこく》(午前十時頃)、甲州軍団の別働隊が川中島へ到着した。

彼らは前夜の越後軍の移動を知らず、信玄からの急報も受けとっていなかった。夜明け頃、遥か遠くに鬨《とき》の声を聞き、「素破《すわ》こそ!」と駆けつけてきたのである。

前述の『妙法寺記《みょうほうじき》』には、この別働隊が、「ヨコイレヲなされ候《そうろう》」と述べている。甲州軍団の別働隊による側面からの突撃によって、流れが変わった。

だが、さすがに謙信は名将の名に恥じない。越後勢が逆転、崩壊に追いつめられる前に、すばやく全軍を掌握するや、国許めざして一気に帰還を決断した。

ではこの激戦は、引き分けとなったのであろうか。

帰国後、謙信は関白・近衛前嗣《このえさきつぐ》(のち前久《さきひさ》)から、次のような手紙を受けとっている。


このたび信州表《おもて》において、晴信(信玄)に対し、一戦を遂げ、大利を得られ、八千余(原文のまま)討ち捕られ候こと、珍重大慶に候。期せざる儀に候と雖《いえど》も、自身太刀討《たちうち》に及ばるる段、比類なき次第、天下の名誉に候。

後々、謙信が信玄の本陣へ単騎斬りこんだ、という物語を生む原因ともなった手紙だが、この合戦、前嗣のいうような謙信の大勝利であったのだろうか。通常は前半が謙信の勝ち、後半が信玄の勝ちといわれている。もっとも、敵味方双方で三千人をこえる戦死者を出し、歴戦の将士を数多く失ったのだから、ともに失敗であったともいえよう。

謙信は九月十三日、この戦いで軍功のあった者へ、俗にいう〝血染めの感状〟と呼ばれる判物を与えている。

「凶徒数千騎を討ち取り、大勝」

と感状にあるが、この度の合戦には恩賞となる物質的な裏付けがなかった。

信玄はどうか。十月十一日に土屋豊前守に感状を出しているが、水内《みのち》郡和田（現・長野市東和田と西和田）、長池（現・南長池と北長池）で二百貫の土地を与えている。具体的な恩賞があり、しかもこの土地は従来、謙信の勢力圏にあたる川中島の北部であった。

川中島の土地は、最終的に寸土をとりこんでいった、信玄のものとなったことは間違いない。では、信玄の勝ちであった、と断じられるか。多くの〝信玄もの〟は、肯定している。だが、筆者はそうは思わない。第四次川中島の合戦は、明らかに信玄、ひいては甲斐武田家の大いなる敗北であった。

なぜか、信玄は弟・信繁を失ったからである（信繁の享年は三十七）。

信玄の悲嘆はいうまでもなく、その師僧・快川紹喜《かいせんじょうき》和尚も合戦のあと書状を信玄に送って、次のように弔意を述べた。

「そもそも典厩公《てんきゅう》の戦死は、惜しみても尚《な》ほ惜しむべし、蒼天《そうてん》（ああ御仏よ）」

確かに、惜しんでも惜しみ足らない価値が、この信繁にはあった。余人をもって代えようのない、武田家〝ナンバー2〟の死。その死の重さが明らかになったのは、皮肉にも当の信繁が没してのちのことであった。

最終調整者＝信繁を失った武田家は、信玄と嗣子義信との不和を生じ、父子の内訌《ないこう》（うちわもめ）に時を費やしてしまう。ようやく信玄が西進によって、天下統一にいま一歩と迫ったときには、彼の寿命は尽き、ついに目的を果たせなかった。

もし、信繁が川中島で若くして没することがなければ、あるいは日本の歴史は大きく様変わりしていたかもしれない。

謙信は信玄に塩を送っていない?!

――世上に流布されている、上杉謙信の〝義塩〟は本当に行われたのであろうか。

検証してみると、可能性があったのは、嗣子義信と不仲となった原因でもある武田信玄の、第一次駿河進攻の直後であったかと思われる（義信の室は今川義元の娘）。

江戸期の元禄十六年（一七〇三）に、矢尾板三印《やおいたさんいん》によって著された『上杉年譜』や『常山紀談』『鶴城叢談《かくじょうそうだん》』などによると、信玄の対今川侵攻の行為が原因で、甲駿相三国同盟が破綻《はたん》したおり、今川氏真《うじざね》（義元の子）は報復処置として、北条氏康と相談のうえ、山国である甲斐への、塩の輸出を停止。思い切った経済封鎖の挙に出た、とある。

生活必需品である塩を止められたら、武田家はどうなるか。

公然の敵である謙信によって、すでに日本海ルートの塩を押さえられ、今また今川・北条両氏によって太平洋ルートの塩を止められては、甲信二国は生活破綻をきたしてしまう。

事実、今川家では代々、塩は重要な財源であるとともに、貴重な戦略物資として扱ってきた伝統があった。勢力圏外への流出をきらい、「塩関《しおせき》」という関所を領内のあちこちにつくったのも、そのためである。秘かに、塩を領外へ持ちだそうとする者を警戒するもので、とくに隣国の甲斐へのルートを厳重に監視していた。

甲斐国は山国で海をもたず、塩を他国に高い値《あたい》で求めねばならなかった。

これまでも、その値と出荷量を調整するのが、今川氏の重要な経済戦術でもあったのだ。塩がせき止められれば、当然、甲信二国での塩の値は高騰《こうとう》し、それは他の生活必需品にも影響を及ぼすことになる。塩はまさに、甲州軍団の生殺与奪の権をすら握っていた。

そんな情勢下に、謙信は信玄に書を送り、

「聞く、氏康、氏真、君《きみ》（信玄）を苦しめるに塩をもってすと、これは不勇不義の極みなり。われ、公と争うところは弓箭《ゆみや》にあり、米・塩にあらず、請う、今より以降は塩を我が国にとり候へ、多寡《たか》はただ命のままなり」（湯浅常山《ゆあさじょうざん》著『常山紀談《きだん》』）といい、越後国（現・新潟県）の塩の売人に命じ、値を市価の半分にして供給したという。確かに甲信二国への、今川・北条両氏の塩止めは事実であったようだ。

しかし、謙信がそれに義将らしく反発したとか、信玄に直接、書簡を送って云々《うんぬん》したとの史実は、どこにも痕跡がなかった。

第一、塩止めに謙信が参加すれば、越後の西浜をはじめ、主力産業の製塩業が打撃を受け、謙信への批判につながるのは必至であった。

おそらく謙信は、従来通りに塩荷の移動を許したのであろう。それが後世、塩止めを行わなかった↓好ましい謙信像と融合↓敵将に塩を送った美談、となったに違いない。

一方の今川氏の塩止めも、はたしてどこまで厳格にやれたか疑問が残る。

封鎖すべき領域は甲信二国に加え、信玄勢力下の上野（現・群馬県）や飛騨（現・岐阜県北部）の一部にもまたがっていた。当然、抜け穴も多かったろう。

この時代、塩が領外へ出荷されれば自然、領主の懐にも関税が入るという仕組になっていた。謙信の懐は潤ったであろうが、この塩止めの頃、彼はたび重なる川中島の合戦に、「信玄憎し」の気持ちが燃えさかり、「信州・甲州を当秋中に一字なく（すべて）焼き放ちする」などと、仏前に願文をささげるありさまであった。

とても信玄に、書を送って助ける余裕など、なかったに相違ない。

信玄兵法の極意は〝六、七分の勝ち〟にあり

武田信玄は、川中島の戦い以前、信濃の有力国人・村上義清との合戦から、大軍を擁《よう》していても、劣勢な敵に敗れる場合のあることを生命《いのち》懸《が》けの教訓として学んでいた。

ついで川中島の戦いを中心にした宿敵・上杉謙信との対決からも、信玄は生涯かわることない不変の合戦哲学を体得している。

『甲陽軍鑑』ではこれを、

「信玄御一代敵合の作法三ヵ条」

と表現している。

三ヵ条を要約すると、合戦にあたっては、
一、敵の長所と短所を詳しく穿鑿《せんさく》（検討）する。また、その国の大河や大きな山坂、あるいは、財力の状態、家中の人々の行儀や武勇の士、大身小身それぞれにどれだけ

いるかなどを、味方の指揮者によく知らせておくこと。

二、信玄公が仰せられるには、「合戦における勝敗とは、十のものならば六分か七分、敵を破ればそれで充分な勝利である」とお定めになった。とりわけ大きな合戦においては、右の点がとくに重要である。八分の勝利はすでに危険であり、九分、十分の勝利は味方が大敗を喫するもととなるということである。

三、信玄公が仰せられるには、「戦闘の心得として、四十歳以前は勝つように、四十歳からは負けないように」とのことであった。

ただし、「二十歳前後の頃であっても、自分より小身な敵に対しては、負けなければよいのであって、勝ちすぎてはならない。大敵に対しては、なおのこと右のとおりである。

十分な思案工夫をもって、位詰《くらいづめ》（威をもちいる）にし、後述の勝（後途の勝＝外交・調略）を第一に考えて、気長く対処していくべきだ」とのことである。

これまでの信玄と謙信の対決を念頭に、この三ヵ条を読むと感慨深いものがある。

信玄は天才的戦術家の上杉謙信との合戦を通じて、自分よりも秀れたもの、強いものとの対処法を考案した。

一気に勝敗を決しようなどと焦らずに、結果としての勝利を第一に考える。部分的に「勝って兜《かぶと》の緒をしめよ」と自らを戒め、大勝はかえって油断を生じるので、六分なり七分の勝でよい、と自らにいい聞かせた。

地道に力を養いながら、外交政策や調略、陰謀などを駆使してじりじりと前進するしかない、と彼は思い定めたようだ。

生命懸けの合戦を幾度も経験した信玄なればこその言葉で、凡将には考えの及ばない深味のある哲学といえよう。

以後、信玄のこの姿勢は不動のものとなり、どのような状況下におかれても、生涯、変わることはなかった。

関ヶ原の戦い、知られざる真相

関ヶ原前夜の風雲

頭脳の反射がよく、とりわけ理数の才覚に恵まれ、性格的には几帳面――こういった隙のない人物は、なぜか日本では頂点《トップ》に立ちにくい。

多少、欠点のある将師《リーダー》の方が魅力を感じやすいようだ。

慶長五年（一六〇〇）九月十五日――〝天下分け目〟の関ヶ原の戦いという、日本史上空前のプロジェクトを企画・立案し、実力者・徳川家康と五分にわたり合った石田三成は、まさしくこの典型であった、といってよい。

関ヶ原の戦いは決戦の当日までに、東軍総大将の家康の調略が行きとどいており、戦う

前からほぼ勝敗は決していた。

西軍を束ねた主将・石田三成には、この戦場で〝勝機〟はなかった、といってよい。

だが、翻《ひるがえ》って検証してみれば、

「あるいは――」

と思われる場面がなくもなかった。

その一つが、決戦の半年前の三月十一日である。この日、大坂で病床にあった家康と並び称される五大老の一《いっ》・前田利家を、伏見の家康が見舞った。

この頃、家康はいまだ、大坂に屋敷を持たず、その夜は信任する戦国武将・藤堂高虎《とうどうたかとら》の大坂屋敷に宿泊していた。従えてきた人数も、少ない。

「今夜のうちに、家康を――」

同じ大坂にあった小西行長《ゆきなが》の屋敷に、三成をはじめ前田玄以《まえだげんい》、長束正家《なつかまさいえ》、増田長盛《ましたながもり》の五奉行のうち四人が揃った。三成は彼らに夜襲を仕掛けることを説いたが、人々は受けつけなかった。その根拠は、藤堂屋敷ではこちらの動静を探っており、家康を支持する大名たちが、陸続《りくぞく》と藤堂屋敷へ馳《は》せ参じていたからだ。

兵数では、市街戦の勝ち目がない、との判断であった。

皆から逆に説得された三成は、断念して会合を散会し、己れの屋敷に戻ったが、その途次、今夜は靄《もや》がやけに深いことに気がつく。

（この靄に乗じて、夜襲を仕掛ければあるいは……）

三成はそう心の中で思いつつ、屋敷へ帰った。

そして、そのことを片腕とも頼む家老の島左近《しまさこん》に述べた。

すると、それを聞いた左近は、大きな溜息《ためいき》をついて嘆きつつ、いう。

「殿はみすみす、勝機を逸《いっ》せられた」

もしこれが織田信長や豊臣秀吉といった天下人ならば、靄に気がついた途端、昵懇《じっこん》の大名屋敷へ駆け込み、使者を石田屋敷と小西屋敷へ向かわせ、一方では馬をかりて自ら大坂城へ乗り込み、主君の豊臣秀頼に親衛隊＝七手組の出動を要請するに違いない。

第一陣の左近率いる石田隊は、二百人がせいぜい。小西屋敷の兵力も、同じ程度であろう。ともに寡勢でしかない。七手組が出動するには時間もかかる。各個撃破される、と考えるのが一般的かもしれない。

だが、立ちこめた靄がこちらの実体を包んでくれたのではないか。しかも敵方は、すでに夜襲の謀議が不調に終わり、三成が帰ったことを当然、探知していよう。

夜の靄に加えて、相手の油断もあった。

「――殿は、この二つの天佑《てんゆう》を、自ら捨てられたのですぞ」

左近は膝を叩《たた》いて、くやしがったという。

欠けていた執念と実行力

三成は決して、凡庸《ぼんよう》の人ではなかった。が、天下を取るのに必要な、〝勝機〟を摑《つか》む決断力を、どうにももちあわせていなかったようだ。

先の挿話は、今日の企業社会にも当《あ》てはまる。成功した創業者には、伸《の》るか反《そ》るかの〝勝機〟への執念《しゅうねん》、決断力と実行力があった。だが、後継者にはそれが乏しいのが常であるように思われてならない。

あたら折角《せっかく》のチャンスを、つい1＋1＝2という計算式で見逃してしまい、あとで臍《ほぞ》をかむということが少なくなかったのである。ひとえに、ピンチをチャンスに変える、飽《あ》くなき攻めの姿勢に徹することができるか否かの、問い掛けともいえるかもしれない。

――三成の敗因はそのことを、教えてくれる。

関ヶ原の戦いにおいて、西軍の主将たる三成は衷心から、このたびの挙兵を豊臣家の義戦と位置づけ、西軍参加の諸将にもそうした意識の涵養《かんよう》を計った。

己れの身中の純然たる〝正義〟（節義）は、諸侯たちの胸奥にも必ずあるはずだ、との希望的観測が彼には強く、ややもすると三成の謀議は利益に対する詰めの甘さを残した。

しかし、東軍の総大将・徳川家康は違った。すべてを私利私欲で測っている。両者の心の持ちかたの違いが、関ヶ原の戦いの勝敗にそのままつながったように思えてならない。

名補佐役・直江兼続の進言

慶長五年（一六〇〇）七月二十三日、関ヶ原の前哨戦ともいうべき会津上杉征伐——軍勢六万九千余を率いて、下総《しもうさ》古河《こが》（現・茨城県古河市）まで迫った徳川家康は、この日、征伐の中止を唐突に決定する。

自らが畿内を留守にすれば石田三成、大谷吉継あたりが挙兵するに違いない——ここまでは、家康の読み通りの展開であった。

当初、その軍勢を一万五千と見積もっていた家康は、場合によっては上杉勢と上方（のち西軍）を両方、征伐軍を二分して討てるとも考えていた。

ところが、いざ蓋《ふた》をあけてみると、三成の挙兵は十万を超える規模になりそうな勢い。

「下手をすれば、虻蜂《あぶはち》取らずになる……」

家康は癖《くせ》の爪を嚙みながら、必死の面持ちで策を巡らし、征伐軍を小山（現・栃木県小山市）の評定《ひょうじょう》において、東軍に再編、衣《ころも》がえすることに成功した。

――問題は、上杉家であった。

そもそも豊臣家の簒奪《さんだつ》を狙う家康は、自らも参加する「五大老」を各個撃破し、順次屈伏させる戦術をとってきた。

最初に狙いを定めた前田利長《としなが》（亡き利家の後継者）は、予想通りに降参し、母・芳春院《ほうしゅんいん》（利家の正室・まつ）を人質に差し出す（関連二七七ページ参照）。にもかかわらず、二番目に狙った上杉家は、当主の景勝《かげかつ》（上杉謙信の甥で養子）と家老の直江兼続《なおえかねつぐ》の拒絶にあい、結果としての征伐となった。

今、軍を西へ返すとなって、最大の懸念は上杉軍が背後から追撃してこないかどうか、であった。

臨戦態勢をとっている無敵の越後勢をもって、白河口（現・福島県白河市）を撃って出、家康軍を追尾して、無理にも一戦を挑み、征伐軍を討ち負かすのは、存外、造作のないことにも思われた。

であるのに、この好機にいたって、なぜか上杉勢は動きを止めてしまう。

「いまこそ、追撃を――」

兼続は主君景勝に進言していた。

よし、と答えるとばかり思っていた景勝が、どうしたことか珍しく首を横に振る。

「人の危《あやう》きに乗《じょう》ずるは、上杉家の兵法に非《あら》ず」――これまで一度として、補佐役の兼続と見解を異にしなかった景勝が、〝勝てるが故《ゆえ》に、戦わず〟の謙信哲学を口にした。

兼続は懸命に、主君へ食い下がった。

「――もし今、家康を討たねば、後日、今度は上杉が討たれることになります」

と。一戦を挑み、時間を稼ぎさえすれば、予想より早い挙兵ではあったが、西の石田三成はより具体的に、自らの構想を準備できるはずだ。

打ちかかれば、勝てるのである。だが、ここで討ちもらせば、次に出会う家康は、会津を完全武装しても応戦し得ないほどの、巨大な存在となって現われる懸念があった。

上杉家は滅びるかもしれない。しかし寡黙な主君は再び、口を開くことをしなかった。

「勝てるが故に、戦わず」の結果とは?!

兼続はしかたなく、次善の策として上杉家の永世中立化を画策する。領土を少しでも広げて、家康が天下人となって、再び進攻してくる日に備えようとしたのだ。

ここで勘違いしてはいけないのが、思い込み、結果だけしかみない歴史のあやうさである。なるほど〝天下分け目〟の戦いは、僅々《きんきん》、一日で決着する前代未聞の結末となった。だが、開戦前にこの結果を想定できた日本人は、一人もいなかったのである。史実、先にみた応仁の乱は十一年間つづいている。

このきわめて異例な事態に、兼続はどう対処したか。学びはこちらにある。

国境を閉ざして、家康方の東軍諸侯と戦いながら、兼続は秘かに外交交渉をすすめ、名誉ある降参、和平の可能性を模索している。主家の社稷《しゃしょく》を全うすべく、苦渋に満ちた手段を講じ、今、まさに滅びようとする上杉家の存続を懸命にはかっていた。

それにしても、と筆者は思う。景勝はなぜ、追撃戦に同意しなかったのであろうか。

「領外に打って出て、戦うだけの能力がわが方にはなかったのだ」

もしかすると、景勝はそう証言するかもしれない。

上杉兵団は会津盆地を隈《くま》なく要塞化し、征伐軍を引き込んで叩くという戦術を準備万端、整えていた。いわば、一国籠城作戦である。それを百八十度転換して、はたして瞬時に外戦型へ切りかえることができたであろうか。まして後方に、〝くせもの〟伊達政宗がいる。

上杉は動きたくても動けなかったのではないか、というのが筆者の見解である。

いずれにせよ予期せぬ顚末を乗り越え、直江兼続は元和五年（一六一九）十二月、江戸で死去している。享年六十。

主君の景勝はその後、関ヶ原の前哨戦をどのようにふり返ったであろうか。

会津百二十万石から、もともと兼続の領地であった米沢三十万石を宛てがわれ、その整備に追われつつ景勝は、名補佐役の死後四年して、元和九年三月二十日、その後を追った。享年は六十九であったという。

名将・大谷吉継、関ヶ原に死す!!

関ヶ原の戦いが行われたおり、戦場で輿《こし》に乗り、約千五百の軍勢を陣頭指揮して、緒戦の西軍善戦を実現したのが、戦国武将・大谷吉継《よしつぐ》であった。

彼は目がほとんど見えず、体はのちにいうハンセン氏病に冒されながらも、戦場を駆けめぐっている。実際に戦っている兵力は、圧倒的に東軍が優勢であった。が、吉継は冷静沈着に戦陣を指揮し、小よく大を制す――敵勢を二度までも押し返している。

「さあ、あと一息ぞ」

吉継が周囲の者にそういった刹那《せつな》であった。味方の小早川秀秋《ひであき》が東軍へ寝返り、不意を衝《つ》いて一万五千余が大谷部隊に突貫を開始した。

それでも、吉継の軍勢は崩れない。かねてこのことのあると読んでいた吉継は、奇術のごとき巧緻な軍配の妙を発揮。小早川勢を跳ね返す。

だが、ここで名将吉継をもってしても、予想していなかった事態が起こった。脇坂安《わきざかやす》治《はる》・朽木元綱《くつきもとつな》・小川祐忠《すけただ》・赤座直保《なおやす》の味方四隊が、鉾先を友軍の戸田勝成《かつしげ》・平塚為広《ためひろ》の両隊に向けてきたのである。

「よもや……、脇坂たちが……」

吉継が見えぬ目を見開いて現状を把握しようとしたとき、当の脇坂隊が、小早川勢と膠《こう》着《ちゃく》状態にあった大谷隊の側面に突っ込んできた。大谷隊はこの一撃で壊滅的となる。

無念の思いやる方ない吉継に、家臣の湯浅五助が状況を説明した。

もはや戦いの続行は不可能であろう、と。これを聞いた吉継は、

「そうか、もはやこれまでか」

淡々とそう口にすると、五助に介錯《かいしゃく》を命じ、自らは潔く腹を掻《か》き切った。享年四十二。

関ヶ原の戦いで西軍中、真に死力を尽くしたのは、石田三成、宇喜多秀家、小西行長、そして大谷吉継の軍勢であったが、これらの将の中で、戦場で見事な最期を遂げたのは、三成との友誼《ゆうぎ》に殉じた仁と義の武将——大谷吉継だけであった。

謎に満ちた生涯

羽柴（豊臣）秀吉に十六歳で召し抱えられ、歴史の表舞台に登場した、といわれているが、吉継の出自や生誕など、その前半生の多くは今なお、謎につつまれている。

近江六角氏の家臣・大谷吉房《よしふさ》の子、青蓮院門跡坊官《しょうれんいんもんせきぼうかん》・大谷泰珍《たいちん》の子、などの説もあった。

吉継は三成より一歳年長で、織田軍の中国方面軍司令官として活躍した秀吉の傍らにあり、吉継は〝御馬廻衆〟として、その名を記されるようになる。

また、自由都市・堺《さかい》では行政を担当し、その後の九州征伐では兵站《へいたん》奉行をつとめ、ともに申し分のない仕事ぶりを発揮していた。

天正十三年（一五八五）七月十一日、秀吉の関白就任にともなって、吉継は刑部少輔《ぎょうぶしょうゆう》となり、三成は治部《じぶ》少輔となっている。

四年後には、越前敦賀《えちぜんつるが》（現・福井県敦賀市）の城主となった吉継だが、彼はどうやら官僚としての己れの評価を、げんなりした気分で眺めていた印象がつよい。

北条氏政《うじまさ》―氏直《うじなお》父子を討滅すべく、惹《ひ》き起こされた小田原征伐において、吉継は事前に、徳川家康の帰趨《きすう》を見定めてくるように、との秀吉の内意を奉じて駿府《すんぷ》に赴《おもむ》き、家康の北条討伐賛同を見きわめる大役を果たしながら、それだけでは喜ばずに、攻囲軍の中にあって、しきりと北条方の属城を攻略する、一方の将としての出陣を願い出ていた。

「戦《いくさ》に出て、勝利してこそ武将ぞ」

との矯激《きょうげき》（なみはずれて過激）な思いが、吉継の中には燃えていたようだ。

天正十八年七月十一日、北条氏の主城・小田原が降伏開城するや、時をおかず秀吉は奥州仕置《しおき》に手をつけた。吉継はこの決定にしたがって太閤検地《たいこうけんち》を実施するため、上杉景勝《かげかつ》の軍監《ぐんかん》として庄内・最上《もがみ》・由利《ゆり》・仙北地方を任される。

実際に検地するのは代官だが、吉継は蜂起した一揆勢を、平定する軍事に喜々として参陣していた。軍才は誰しも認めていたのだが、武将の本懐である合戦働き——たとえば朝鮮出兵のときでも、吉継は渡海遠征軍の本営にあって奉行をつとめ、渡海してからも役割は軍監（目付）の域を出なかった。

以後、この一代の智将は、戦場に出る機会さえも失ってしまう。吉継を蝕《むしば》みつつあった病魔が、情け容赦なく進行していたからである。

やがて、天下人の秀吉が死去し、重鎮・前田利家もこの世を去って、最大の実力者・徳川家康の恣意《しい》が目立ちはじめた。三成はこれを政権簒奪《さんだつ》とみて、吉継に助勢を頼む。

しかし、怜悧《れいり》な吉継はあらゆる面から検討して、三成に勝ち目のないことを述べ、決戦を思い留まらせようと説得する。が、三成と別れて三日後、吉継は不意に翻意する。

「事ここに至《いた》っては、如何《いかん》ともし難《がた》い。拙者も貴殿と死を共にしよう」

吉継を決断させたのは、自らの病で周囲の人々が去っていく中、これまでと変わることなく接してくれた三成の、友誼《ゆうぎ》への信義であった。

勝つためではなく、〝仁義〟に殉じるために生命《いのち》を懸けた点が、他の武将とこの人物の大きく異なっていた点といえよう。大谷吉継の人気は、「令和」の今も衰えを知らない。

無謀な敵中突破に秘められた島津義弘の決意

もう少しで、全九州を平定するはずであった島津氏は、天正十五年（一五八七）五月、豊臣秀吉の九州征伐に自軍の不利を悟り、降参した。

秀吉は寛容に、島津の当主義久《よしひさ》に薩摩国（現・鹿児島県西部）を、弟の義弘に大隅国（現・同県東部）を、島津氏重臣・伊集院忠棟《いじゅういんただむね》（号して幸侃《こうがん》）には日向国（現・宮崎県）諸県《もろかた》郡を、各々安堵する。

この処置に感動した島津氏は、朝鮮出兵で大活躍を演じた。

泗川《しせん》の戦いでは、明と朝鮮あわせて十万の軍勢を、わずか一万足らずで迎撃。実に三万八千七百七十七人の敵兵を討ち取って、その武名を天下に轟かせている。

「石曼《シーマンズ》」と呼ばれ、敵方に鬼神のごとくに恐れられもした。

十数万の日本軍が無事に祖国へ帰りつけたのも、島津勢の勇戦――それを指揮した義弘の、沈着豪胆な采配によるところが大きかった。

にもかかわらず帰国後の島津家は、文禄四年（一五九五）に隠居した兄・義久と義弘の間に確執が起きる。原因は、徒労と浪費におわった朝鮮出兵による、財政の悪化であった。過剰となった家臣団の整理をめぐっても、家中は揺れていた。

関ヶ原の一年前、慶長四年（一五九九）三月には、義弘の子で島津の家督を継いだ家久（忠恒《ただつね》）が、支族であり筆頭家老でもあった伊集院忠棟を斬り殺す事件が勃発している。この処理に忙殺され、中央の情報収集不足もあって、慶長五年四月に再度、義弘は上方にのぼって以来、東軍と西軍の間で翻弄されることになる。

当初、徳川家康率いる東軍に味方すべく、伏見城に入城を決めていた義弘は、これを留守居役の徳川家の部将・鳥居元忠《もとただ》に拒絶されてしまう。

拒まれた以上、島津勢は西軍につくしかなかったが、その西軍の義弘の扱いも、歴々の軍功を積んだ老将に対しては、軽々しいばかりのものであった。

理由は明らかで、上方における島津の兵力がわずかに、千五百しかなかったからである。中央の情勢に疎《うと》い国許《くにもと》では、関ヶ原の戦いの意味が理解できなかった。そのため増兵を、まったく送って来ない。もし、この時点で五千の兵力が義弘の手中にあれば、関ヶ原の結末は大きく歴史を変えたに相違なかったろう。

しかし、〝天下分け目〟の戦いで千五百しか兵力をもたない義弘は、一面、単独では動くに動けなかった。兵力をギリギリまで温存し、勝利のための、最後の一押しにこれらを用いる以外、戦術的な用兵は考えられない。

ところが会戦の当日、勝ちかけていた西軍は小早川秀秋の裏切りにより、一万七千の大軍が西軍へ襲いかかったことで、戦局が一変。西軍は負け戦《いくさ》と決した。

さて、どうするか。わずか一千五百の島津勢ができることは、たかがしれていた。

義弘は腹立たしい思いを抑え、瞬時にして決断する。この一戦が終ったあと、戦うことになる徳川家との合戦を念頭に――わずか千五百をもって前進し、家康の本陣前を横切り、伊勢街道に出て、堺へ向かい、薩摩へ戻る方針を決定した。

さすがの島津将兵も一瞬、顔色を変えた。前方には敵があふれている。そこを突っ切って逃走するというのは、明らかに自殺行為に思われた。後方の近江（現・滋賀県）へ退却してはいかがですか、との具申もなされたが義弘は撥《は》ねつける。

「道は前方のみ」

なぜ、この無謀な決断に、彼はこだわったのか。

関ヶ原で勝利した家康は、かならず島津征伐の軍勢をおこすだろう。その時、出兵を躊《ちゅう》躇《ちょ》し、できれば外交で方《かた》をつけたい、と家康が思い定めるためには、ここで島津氏の強さを今一度、徹底して知らしめておく必要があった。

一千五百が鬼羅刹《おにらせつ》として戦死すれば、国許の五万の侍を擁する島津氏に、たとえ家康とて無闇《むやみ》には討ちかかって来まい。まさに、〝死中に活〟を義弘は行おうとしたのだ。

関ヶ原を横断した時点で、千五百の軍勢は二百余に激減していた。

しかし、執拗にくいさがる「島津の胡座陣《こざじん》」（決死の殿軍《しんがり》）に阻まれた徳川方では、家康の第四子・松平忠吉《ただよし》と、徳川四天王の一・井伊直政《なおまさ》が負傷（二人はこれが原因でその後、病没）。

ついに家康は、島津勢追撃の中止命令を出す。

戦後、西軍についた毛利氏の所領が大きく削られたのに比べ、島津家は自領を手付かずに保持することに成功した。悲運の名将・島津義弘は、元和五年（一六一九）七月二十一日、この世を去った。享年八十五。

彼の敵中突破の決断は、その後も薩摩藩の中に語り継がれ、明治維新の起爆剤の一つになった、と「令和」に評価されている。

役に立たなかった大坂の陣の旗本たち

三河武士は〝戦わざる集団〟となった?!

ときに思うのだが、徳川家康が〝三英傑〟として織田信長・豊臣秀吉と並び得たのは、〝三河武士〟と呼ばれる、代々三河（現・愛知県東部）の土豪として勢力を培《つちか》ってきた徳川（その前は松平《まつだいら》）に、忠実に仕えた武士団あればこそではなかったろうか。

彼ら徳川家の譜代郎党は、三河犬そのものに似ていた。主人のみが神であり、それ以外は敵。そのため、やたらと吠えかかる習性があった。

しかもこの仲間内での一枚岩の結束は、合戦を通じて広がった領土――遠江（現・静岡県西部）・駿河・甲斐・信濃（現・長野県）にも拡大し、いやらしいばかりの強い紐帯《ちゅうたい》を生み出した。見栄えは今一つぱっとしないが、三河者は質朴で屈強であり、己れはもとより家族をも犠牲にして、主人家康を支えつづけた。

また、この土壌からは〝徳川四天王〟（うち三名）に代表される、歴戦の強者や優れた指揮官を輩出した。いわば家康は、そうした武士団に担がれて、気がつけば天下人を狙えるところまで辿りつけたようなもの。

それだけに家康は、この得がたい直参《じきさん》や譜代を大切に扱った。

その力を温存させるため、ふり返ってみれば、徳川家の旗本が戦《いくさ》に参加したのは、小田原北条攻めあたりが最後ではあるまいか。以後、徳川武士団は〝戦わざる集団〟と化した。

長所は短所である。一つ前の政権＝豊臣氏の直属の〝七手組〟と同じように、気がつけば三河武士は、実戦を知らない者の集まりとなっていた。つまり、豊臣氏の轍《わだち》を踏んだのだ。この間、家康だけが長命で、現役の戦人《いくさびと》でありつづけていた。

そんな彼が大坂の陣で、自家の将領クラスも歩兵の者も、いずれもがひ弱で頼もしさのない、外側ばかりの格好を気にする、〝使えない〟連中になっていることに狼狽する。

なにしろ大坂夏の陣において、目前に迫る現実＝城方《しろかた》の真田《さなだ》信繁《のぶしげ》（俗称は幸村《ゆきむら》）の〝赤《あか》備《ぞな》え〟に、徳川方《こちら》は茫然自失の態となり、気がつけば徳川家の本陣自体が大混乱に陥り、味方の将兵が後方に向かって敗走。それに巻き込まれた旗本の多くは、逃げるわが身にただ驚いていた。

大久保彦左衛門の三河者魂

「御陣衆（旗本）追ひちらし、討ち捕り申し候。御陣衆、三里（約十二キロ）ほどづつ逃げ候衆《そうろうしゅう》は、皆々生き残られ候」（『薩藩舊記《さっぱんきゅうき》』）

薩摩島津家の、実況報告にはこのように書き残されていた。

旗本たちは反射的に敵に向かうこともせず、抗戦らしきものは何一つしないまま、われ先にと逃げ散る。これでは三河武士が泣く。薩摩のレポートによれば、家康は三度、信繁に追い立てられ、馬験《うまじるし》をかくして逃げまどい、気がつけば家康のそばには、金地院崇伝《こんちいんすうでん》（家康の外交僧）と本多正重《まさしげ》（正信の弟）の二人しかいなかったという。

このとき、五十代半ばになっていた大久保彦左衛門忠教《おおくぼひこざえもんただたか》は、現役というよりは名誉職に等しい徳川家の槍奉行をつとめていた。

旗本たちの槍を一括管理している部署の長だが、信繁の強襲につぐ強襲で、一緒にいた徳川家の旗奉行の、家康の御旗が味方からみえなくなる局面が生じた。

若き三河のエリートたちは、三河犬よろしく獰猛に唸り、吠え、敵に向かわず、

「大御所様が――」

討たれたのではないか、と動揺し、尻尾を巻いて逃走した。

彼らは体が動かないわりには、己れに都合よく頭は回った。敗けたのではないか、本陣は退却するしかないのではないか、と経験則のない旗本たちは半狂乱になり、立ち騒いだ。

歴戦の強者《つわもの》・彦左衛門は、腹立たしげに胴間声《どうまごえ》をはりあげる。

「わしは槍奉行である。御旗《みはた》が退《ひ》けば、それを知らないはずはない。慌てるな――」

混乱の収拾にあたったが、戦場は常に疑心暗鬼という心の中の魔物が棲《す》んでいる。

四十年余、戦場を駆けまわった彦左衛門はさすがに動転しなかったが、まさか大御所が……、と恐怖心にかられた若手は、彦左衛門の制止を聞かず、逃走した。

大坂の陣が終息してのち、あまりに腑甲斐《ふがい》なかった旗本たちの、責任追及が幕府の名のもとに行われた。誰がいつ、どのように逃げたのか、を詳しく詮議《せんぎ》、検証するというものであったが、当然のことながら、旗の崩れも厳しく追及された。

多くの者が旗はみえなくなった、と証言する中でたった一人、彦左衛門だけは、

「旗は立っておりました」

と答えた。世渡り下手の三河武士気質も、ここまでくれば天晴《あっぱ》れである。

尋問は家康から直接の問いかけもあったのだが、彦左衛門は頑として答えをかえない。

「汝《なんじ》ハ何とて我にハつかざるぞ（手向かうか）」（『三河物語』）

激怒した家康は、刀の柄《つか》に手をかけたが、それでも彦左衛門は、「旗は立っておりました」と強情にいい張った。のちに、彼はいっている。

「徳川の旗は、決して倒れてはならんのじゃ」

と。実に見上げた、三河者魂であった。

家康も内心では、彦左衛門をほめてやりたかったに相違ない。

秀吉の工夫と家康の誤算

通史――歴史記述法の一様式で全時代、全域にわたって総合的に記述した歴史――は、ときに道筋のうそを平気でつき、それを拡散する。

たとえば、関ヶ原の戦いで圧勝した東軍の総大将・徳川家康は、すぐさま天下を取ったような印象を、通史は後世の人々に与えたが、これは明らかな誤解であった。

なるほど家康は、関ヶ原の三年後に征夷大将軍となっている。しかし、彼の目の上のコブ＝豊臣政権は、もともと武家の棟梁《とうりょう》ではない。創業者の豊臣秀吉は、公家の代表として関白（引退して太閤）の位につき、国政をとりしきっていた。

征夷大将軍となった家康が江戸に幕府を開き、天下の諸侯がこぞって、その幕府の系列に直ったとしても、関白と征夷大将軍は本来、政治の筋道が異なっていた。

豊臣家が武家として孤立したとしても、それはそのまま、家康傘下の諸大名と肩を並べなければならない、ということにはならなかった。

ついでながら、秀吉は本能寺の変後、逆臣・明智光秀を討滅すると、柴田勝家《しばたかついえ》をはじめとする織田家中の反対勢力を一掃して、突然、「平《たいら》」の姓を称している。

天正十年（一五八二）十月に「従五位下《じゅごいのげ》」に叙爵し、「左近衛権少将《さこのえごんのしょうしょう》」に任官。翌年には「従四位下参議《じゅしいのげさんぎ》」となり、天正十二年十一月には「従三位権大納言《じゅさんみごんのだいなごん》」に昇進。さらにその翌年には、「正二位内大臣《しょうにいないだいじん》」に昇っている。

この間、叙任に関する口宣案《くぜんあん》（勅命を記した文書の形式、メモ風に記したもの）などは、いずれもが、「平秀吉《たいらのひでよし》」（あるいは、「平秀吉朝臣《あそみ》」）となっていた。

なぜ、平氏を称したのか。「藤原」姓から「平」姓に直った織田信長の、跡を襲う意味でもちいたのであろうが、これまた戦国時代の風潮として、通史が喧伝してきた思い込み＝〝源平交替〟の思想にもとづいて、平姓を称したことになっている。

過去の歴史には源平以外の、皇族や別姓の征夷大将軍は幾人も存在していた。

いずれにせよ「平」姓だった秀吉は、内大臣に任官した四ヵ月後の七月十一日に、今度は唐突に、人臣の最高位である関白宣下《せんげ》を蒙《こうむ》る。

この珍事は、近衛信輔《このえのぶすけ》（のち信尹《のぶただ》）と二条昭実《にじょうあきざね》——ともに、「藤原」の本流・五摂家《ごせっけ》の二家——が、関白職をめぐって争っている隙《すき》に乗じて、秀吉とは以前から気脈を通じていた、ときの右大臣・菊亭《きくてい》（今出川《いまでがわ》）晴季《はるすえ》の画策によって行われた、と伝えられている。

「豊臣」賜姓のヒミツとは?!

が、これまた通史のいい加減なところ。

秀吉は五摂家筆頭の近衛前久《さきひさ》の猶子《ゆうし》となるべく運動し、ついに「藤原秀吉」として、関白宣下を受けたが、朝廷政治はこれで通すとしても、もう一方の武門の棟梁として、天下に号令する立場では「藤原」姓は説得力に乏しい。

そこで考えあぐねた秀吉は、文武両方を統率するために、自ら新姓を朝廷に奏請《そうせい》して、下賜《かし》されることを考えた。「豊臣」の新姓誕生は、関白任官からわずか三ヵ月後（閏《うるう》八月を含め）の、九月九日のことであった（『押小路文書《おしこうじもんじょ》』ほか）。

ときおり、この誕生を天正十四年（一五八六）十二月十九日とするものをみかけるが、これは誤りである。この日は秀吉が太政大臣に任官した日であり、『公卿補任《くぎょうぶにん》』も改姓の

日付は明記していない。それにしても、「豊臣」という姓は何によって名づけられたのであろうか。

秀吉の御伽衆《おとぎしゅう》・大村由己《おおむらゆうこ》の『関白任官記《かんぱくにんかんき》』では、新姓撰定にあたっては菊亭晴季が中心的な役割を担い、有職故実《ゆうそくこじつ》や諸家の系図などを調べて、諸氏の姓から「豊」「臣」の二文字を選んだようだ。〝豊臣〟には、「天地長久、万民快楽」の願いが込められていたという。

その関白は、征夷大将軍よりはるかに上位であり、公武の棟梁《とうりょう》として誕生していた。

慶長十年（一六〇五）、家康は征夷大将軍の職を息子の秀忠にゆずり、この地位が徳川家の世襲であることを、天下に印象づけた。そのために、十六万騎という凄まじい人数をくり出して、京都における秀忠の将軍宣下《せんげ》の儀式をとり行っている。

これは『吾妻鏡《あずまかがみ》』を愛読する家康が、平家を掃蕩《そうとう》し、異母弟の義経を討ってのち、畠山《はたけやま》重忠《しげただ》を先陣に、大軍を率いて相模国鎌倉（現・神奈川県鎌倉市）から上洛した、源頼朝をまねた演出であった。

だが、新将軍秀忠は征夷大将軍であっても、朝廷の位は内大臣でしかない。

一方、秀吉の忘れ形見の秀頼《ひでより》は、慶長十年四月には右大臣に進んでいた。

朝廷における序列では、秀忠より秀頼の方が上である。それにもまして秀忠も、その父・家康も、形式上では依然、公武をすべる豊臣家の家来のままであった。

おそらく真実の家康は、あまりに見事に勝利した関ヶ原の己れに、「しかたあるまいのォ」といい聞かせていたに違いない。

――次のような事件が、関ヶ原の大勝後に起きていた。

三成の本拠地であった佐和山《さわやま》城（現・滋賀県彦根市）を落として、次は大坂城を接収すべく軍を進めた家康は、途中、大津（現・滋賀県大津市）に滞在した。そのおり家康の家臣で能吏ともいうべき伊奈昭綱《いなあきつな》（図書《ずしょ》・二千五百石取り）が、日岡《ひおか》（現・兵庫県加古川市）で関を設け、軍勢の京都乱入を防ぐ役目についていたのだが、このとき彼の家臣と福島正則の家来が争いごとを起こし、正則の家来は憤慨して自ら腹を切ってしまった。

昭綱の家臣に、多少の行きすぎがあったようだが、正則はカッとなって、このことを強硬に家康に抗議した。すると家康はどうしたか、正則の機嫌を損じてはならず、と涙をのんで昭綱に切腹を命じ、その御首級《みしるし》を正則の陣所に届けて、詫びを入れている。

家康の「鎌倉幕府構想」とは?!

家康の侍医でその場にいた板坂卜斎《いたざかぼくさい》は、日記の中で、次のように論評《コメント》していた。

「この時分まで、家康公を主《あるじ》とは大名衆も存ぜられず、天下の御家老と敬《うやま》い申すまでに

候《そうろう》。御主《おんあるじ》は秀頼公と心得られ候。諸人下々まで御家老と心得、主とは存ぜず候」（『慶長年中卜斎記』）

関ヶ原で大勝しても、家康は自らの思い通りに、何ごとをも決することができなかった。その姿はとても、天下人といえるものではなかったのである。

なにしろ、関ヶ原で勝利したのは、豊臣恩顧の武断派の大名たちであり、なるほど彼ら＝東軍は、自分を神輿に担いで結束し、必死に戦ってはくれたが、それは徳川家のためではなかった。彼ら東軍主力の総意は、一《いつ》に文治派の石田三成憎し！につきていた。

確かに、黒田長政《くろだながまさ》（官兵衛の長子）や細川忠興《ただおき》（藤孝《ふじたか》＝幽斎《ゆうさい》の長子）、藤堂高虎《とうどうたかとら》といった大名は、秀吉の死後、家康と豊臣政権内で勢力を二分していた前田利家が亡くなる過程で、旗色を鮮明にして、家康支援を表明してくれていた。が、関ヶ原の戦いにおける最大の功労者・福島正則や国許にあった加藤清正などは、戦後、征夷大将軍となった家康が、豊臣家を簒奪《さんだつ》するのではないか、と疑念を抱いていたのである。

生来、感情の起伏の大きな正則は、秀吉の母方の縁戚で、太閤秀吉とは従兄弟にあたり、その盟友の清正は、秀吉のまた従兄弟となる。正則は尾張清洲《きよす》（現・愛知県清須市）の二十四万石から、関ヶ原の功名により一躍、安芸一国（現・広島県西部）に備後（現・広島県東部）をそえて、広島城主四十九万八千石の主《あるじ》となった。清正は肥後（現・熊本県）半国十九万五千石から、肥後一国五十二万石の太守と成りおおせている。

　しかし、この二人は、決して家康に心服しておらず、もし家康が豊臣家を覆そうとしたならば、かならずや牙をむいて、立ち向かってくるのは必定であった。

　ほかにも、あやしい大名はいた。浅野幸長《あさのよしなが》である。

　彼は五奉行の一・浅野長政《ながまさ》の長子にあたり、関ヶ原の前は甲斐府中《かいふちゅう》（現・山梨県甲府市）二十一万五千石（うち長政が五万五千石）、戦後は論功行賞で紀伊和歌山（現・和歌山県和歌山市）三十七万六千石への加増となっている。この浅野家は、秀吉の正室・北政所《きたのまんどころ》（高台《こうだい》院《いん》）の養家にあたり、幸長は彼女の義理の甥にあたる。

　もし、三人が秀頼の〝藩屏《はんぺい》〟となって、徳川家に立ち向かってくれば、それこそ家康は苦境の淵に追いつめられることになったろう。

　だからこそ彼は、戦後、東日本を可能な限り、自家の部将を大名にとりたてて固め、豊臣恩顧の大名を西日本へ、意図的に集めたのである。なぜ、西日本なのか。

　大坂に秀頼がいたからだ。そのため、当時の大名のみならず、朝廷の公家たちも庶民も、日本には新しい支配構造——豊臣関白家と徳川将軍家が並立した形——が誕生した、との認識をもった者は少なくなかった。

　わかりやすくいえば、西日本を秀頼が采配し、東日本は家康が支配する——そのモデルケースとして、歴史を知る人々は二つ前の幕府＝鎌倉体制を思い描いたことであろう。

治承四年（一一八〇）、平家打倒をスローガンに挙兵した源頼朝《みなもとのよりとも》は、相模国鎌倉を拠点として、日本最初の武家政権を樹立した。だが、この政権は日本統一の政権ではなかった。

なにしろ、京都の朝廷は鎌倉幕府から依然、独立した政権として運営されており、神社仏閣も幕府の指揮下にはなかった。実体は東国に勢力圏をもつ地方政権であり、事実、朝廷も東国の支配権を承認していたにすぎなかった。

徳川幕府は西日本を掌握していない「室町幕府」?!

なるほど頼朝は、義経を追討する名目で、全国の軍事・警察権を掌握する「日本国惣追《そうつい》捕使《ぶし》」、全国の土地の所有者任免権を持つ「日本惣地頭」の地位と、全国に守護・地頭の設置を朝廷に認めさせはした。奥州の藤原氏も滅ぼしている。

だが、源氏三代――のちには執権北条氏の飾り――に与えられた征夷大将軍の肩書きは、全国津々浦々にまでは及んでいない。

たとえば二度に及ぶ蒙古襲来ののち、九州における軍事統率、訴訟裁判を目的に、鎌倉幕府は博多へ「鎮西探題《たんだい》」を駐在させたが、その実体は九州地域に分布する武家の、喧嘩の仲裁程度のものであり、決して全国政権の九州統治のイメージからはかけ離れて、貧弱なものでしかなかった。

「せめて、室町幕府に近づけたいものよ」

自ら征夷大将軍となった家康の本音は、これであったろう。

室町体制は、鎌倉のそれよりはましな力をもっていた。鎌倉にあって御家人たちの神輿に担がれた幕府より、次の室町幕府の権限は広範囲に及んでいる。

京都の室町に幕府が創立したため、同じ洛中の朝廷を統御しやすくなった。

しかし半面、東日本に目が届きにくくなる。そこで幕府は出先機関として、鎌倉公方《くぼう》（関東公方とも）を設置した。ところが足利将軍家から関東に派遣された鎌倉公方は、畿内《きない》から距離的に遠いことをよいことに、自らを関東の支配者と思うようになってしまう。

つまり、鎌倉にあれば西日本は遠すぎてうまく采配できず、京都に武家政権を移しても、今度は東日本が霞の彼方で制御できなくなってしまったわけだ。

「西は、豊臣家にくれてやるしかあるまい」

家康の心中を忖度《そんたく》すれば、彼はそのように慮っていたであろう。

なにしろ、全国統治権を主張すれば、豊臣恩顧の大名たちと武力衝突するのは必至であった。家康ほど用心深く、守勢に立って戦国時代を生きてきた人物が、そのような結果の不透明な勝負など、するはずはなかった。

豊臣が上か徳川がその上にいるか——家康はこの支配構想を、決して明確にはしなかった。征夷大将軍は関白の下位である。が、幼少の秀頼はいまだ関白とはなっていない。現時点での官位は正二位内大臣であり、家康は従一位右大臣《じゅいちいうだいじん》——その上の官位であった。

家康はいつ、天下を狙ったか?!

通史は結論でものをいいたがるが、当事者の家康はこの二重構造の体制をぼかしつづけている。豊臣氏と徳川氏——いずれが上とも下ともいわず、己れの政権を公武一体となってのものとも、そうではない、とも明言していない。否、できなかったのである。

くり返すようだが、この矛盾をかかえた政体をすっきりさせるためには、豊臣家を徳川家の系列大名に落とし込む必要があったが、残念ながらそれをやり切れるだけの実力と自信が、当の家康にも徳川家にもいまだなかった。

天下は表向きは平穏であったが、つきつめて考えると、何もかもが一触即発の危険性を孕《はら》んでいた。徳川幕府にとってあやういのは、豊臣家に近い藩屏ばかりではなかった。

関ヶ原で減封処分にされ、家康を恨み、徳川幕府を憎んでいる大名家は少なくない。

主だったところでは、西軍の総大将をつとめた毛利輝元の百十二万石から三十七万石への縮小。上杉景勝も会津百二十万石から米沢三十万石へ、四分の一となった。佐竹義宣《さたけよしのぶ》も五十四万五千八百石から二十万五千八百へ、二分の一以下となっている。

薩摩の島津義久《しまづよしひさ》（名目上の当主は弟の義弘《よしひろ》）は西軍に付きながら、例外的に関ヶ原以前からの表高七十七万石を地勢的特徴——九州の最南端——のおかげで、減封されずに済んだ。が、島津家が家康に含むところのあるのは明らかであり、その証左が西軍で関ヶ原を暴れまわった宇喜多秀家《うきたひでいえ》を匿《かくま》っていた史実がある（慶長八年、島津忠恒《ただつね》〈のち家久《いえひさ》〉は秀家に自首をすすめて、八丈島へ）。

家康が天下取りを考えたのは、加藤清正が死んだ慶長十六年頃からであり、具体的に動きはじめるのは、方広寺の鐘銘に難癖をつけた慶長十九年七月からのことであった。

第二章◎戦国武将の知られざる実像

［将軍・大名編］

信長の覇業を継げた最高の武将は、蒲生氏郷!!

人質生活が培ったもの

戦国の覇王・織田信長が見出し、育成した〝人材〟の中でも、〝智・弁・勇〟の三徳を備えた最高の愛《まな》弟子は、蒲生《がもう》氏郷《うじさと》であったように思われる。

この人物こそは、信長の〝天下布武〟を後継できるすべての条件を、備えていた。

弘治二年（一五五六）に、近江国蒲生郡日野（現・滋賀県蒲生郡日野町）の城主・蒲生賢《かた》秀《ひで》の嫡男（異説あり）に生まれた氏郷は、永禄十一年（一五六八）、父の人質として信長の許《もと》へ遣わされる。

幼名鶴千代をみた信長は、その人に倍する聡明さと弁舌のさわやかさ、勇猛果敢な性格、

さらには鋭敏な美的センスに、己れに等しい価値を見出す。

信長はこの若者を、自ら一人前の武将に育てあげた。のみならず信長は、己れの美貌の愛娘・冬姫を、氏郷に娶《めあわ》せて日野へ帰している。

以来、氏郷は信長の部将として、織田家の主要な合戦——元亀元年（一五七〇）の越前朝倉攻めにはじまり、近江の鯰江《なまずえ》合戦、近江小谷城攻略、長篠・設楽原の戦い、摂津（現・大阪府北部と兵庫県南東部）有岡《ありおか》城攻め、伊賀（現・三重県西部）進攻、信州（現・長野県）攻めなどに、ことごとく参戦。抜群の軍功を上げている。

信長亡き後、羽柴（のち豊臣）秀吉はこの二十歳も年下の武将を、まるで賓客をもてなすように遇し、彼の手を押し戴くようにして味方陣営に迎えた。

秀吉が織田家簒奪を賭けて柴田勝家と戦ったおり、勝家と結んだ織田家の宿老・滝川一益《かずます》を氏郷が攻めたおりも、彼の働きは抜群であり、この功により、伊勢亀山城（現・三重県亀山市）を与えられている。のちの石高にすると、およそ六万石となった。

だが氏郷には秀吉に、感謝する気持ちは薄かったようだ。小牧・長久手の戦いにおいては、先手を徳川家康に取られて慌てふためく秀吉に、後世に残る有名な科白《せりふ》を吐いている。

「猿（秀吉）メ、死ニ場所ヲ失《うしの》ウテ狂ウタカ」（『武功雑記』）

大胆不敵。氏郷にとって心服できる人物は、師と仰いだ亡き信長ただ一人。

秀吉には、己れと同じ時代の雰囲気——大航海時代のルネサンスを共有しているといった——は感じ取れたものの、尊敬の念などはなかった。

なぜならば、秀吉には信長にみられた鮮烈な美意識がなかったからである。

いわんや徳川家康にいたっては、泥臭い後進地の人物と、多分に侮蔑する気分が、氏郷には濃厚であった。当然のことながら、その面白味のない吝嗇《りんしょく》なだけの家康の器量など、氏郷は歯牙にもかけていなかったろう。

家康を恐れさせた氏郷

——興味深い逸話がある。

関東へ移封された家康が、ある日、よもやま話の席上で、居並ぶ家臣たちに質問した。

「力ずくで関東から、さて、どの辺りまでわれらは進軍できようか」

「美濃関ヶ原までは、押し切れましょう。東海道筋は勝手知ったる土地、しかもこの方面の大名たちは、働き者ばかりですが、それを束ねる大器の者がおりませぬ」

「いやいや、中村一氏《かずうじ》どの。それに堀尾帯刀先生《たてわきせんじょう》（吉晴《よしはる》）も、豊家《ほうけ》きっての功多き老練の者——とても帯刀先生の、浜松城は落とせますまい」

侃々諤々《かんかんがくがく》、幾つかの元気な意見が出た。

ところが一人、家康の謀臣・本多正信だけは、一向に自ら口を開こうとしない。

気付いた家康が正信をみやると、彼はさりげなく、無言のまま首を左右に振ってみせた。

（われらは、箱根も越えられますまい）

その表情は、無言で語っていた。

家康も納得するように、秘かにうなずいたという。なぜであったか。秀吉の用意した周到な家康包囲網は、関東の前方よりもむしろ、後方にこそ仕掛けがあったからだ。

氏郷が、そこにいたのである。この信長の正統な弟子は、とにかく合戦が滅法強かった。

『氏郷記《うじさときき》』には、次のような記述がある。

美濃出身の文武兼備の武将・稲葉一鉄《いってつ》（諱は良通《よしみち》）は、ときおり招かれては信長の前で軍物語《いくさ》をした。まだ氏郷が人質生活をおくっていた頃のこと。興に乗った一鉄が、夜の更《ふ》けるのも忘れて話をつづけたところ、信長の小姓たちは大半、居ねむってしまったが、ひとり氏郷だけは、まばたき一つせず、真剣な面持ちで、一鉄の話に聞き入っていたという。

一鉄はその姿をみて、感嘆の声をあげた。

「この若者の行く末は、百万の将たるべし」

その氏郷の名が一躍、天下に轟いたのは、〝本能寺の変〟のおりである。

父・賢秀と安土城の守備を任されていた氏郷は、城に残されていた信長の家族を救出し、一方で玉砕を覚悟のうえで、明智光秀の自軍への誘いを峻厳に拒絶したのであった。

秀吉に迎えられる

この時、畿内はことごとくが光秀の勢力圏内であり、大勢は光秀を支持、または消極的中立が占めていた。その中で蒲生父子だけが、堂々と己れの意志を表明したのである。

羽柴（のち豊臣）秀吉の〝中国大返し〟が遅れていれば、この父子は討死《うちじに》をしていたに違いない。節義なき乱世において、蒲生の血筋は義理堅く清冽《せいれつ》であった。

秀吉は氏郷の妹（もしくは姉）を愛妾に所望し、「三条殿」と名乗らせ、氏郷との結びつきを強めてもいる。それほど彼は戦場で勇ましく、強かった。

その氏郷が、新規に家臣を召し抱えるとき、いつも同じことを口にした。

「その方が戦場に出たなら、わが家中の者で、銀の鯰尾《なまずお》の兜をかぶり、奮戦している者が目につこう。その者に負けぬよう働け」

なるほど戦場に出ると、いつも真っ先を駆けて敵陣におどり込み、群がる敵を寄せつけず、つぎつぎに武功を挙げる、銀の鯰尾の兜を被った勇者がいた。

よくみると、その勇者こそが主君の氏郷であった。ともあれ彼は、率先垂範《そっせんすいはん》――。

常に先頭に立って働いたが、一面で師である信長もなし得なかった学問を積み、中国の古典にも通じ、茶道では〝利休七哲〟の一人にまでも数えられている。また、一方では領地を商業都市として繁栄させる手腕も、他の大名たちに抜きんでて勝《すぐ》れていた。

小牧・長久手の戦いのあと、江州日野六万石から伊勢亀山をへて、伊勢松ヶ島城十二万石に封ぜられた氏郷は、この地を「松坂」（現・三重県松阪市）と改め、綿密な都市計画によって開いている。松坂が江戸時代を通じて、日本有数の商業都市として栄えたのも、もとは氏郷の設計によるものであった。

天正十八年（一五九〇）、氏郷は奥州黒川、のちの会津若松に四十二万石――一説には七十万石――を得て、その翌年には九十二万石に加増され、移封となった。彼は故郷である近江国日野城下の、〝若松の森〟にちなんで、この地を「若松」と命名している。

「奥州探題」として奥州黒川に転封するおり、氏郷は秀吉に一つだけ注文を出していた。秀吉や諸大名により、「奉公構《ほうこうかまえ》」となっている者たちを、召し抱える許しを求めたのである。

〝はみ出し者〟を統御

「奉公構」とは、主君の怒りをかった牢人たちを指したが、わけても許し難い者については、何処の大名家へ立ち寄ろうとも、召し抱えぬように、との回状が各大名家に送られた。それを承知で、その者を召し抱えれば、大名同士の争い、喧嘩となるわけである。

秀吉は氏郷からの、「奉公構」の召し抱えをしぶしぶ了承した。撥《は》ね付《つ》ければ、会津には行かぬ、という。この男以外に、徳川家康・伊達政宗・上杉景《かげ》勝《かつ》の〝曲者《くせもの》〟三人を、同時に牽制《けんせい》でき、押え込めるだけの人物はいない。

氏郷が召し抱えた牢人は、なるほど一癖も二癖もある者たちばかりであった。が、さすがに一騎当千の強者《つわもの》揃いであったといえる。

氏郷が会津に入国して一ヵ月が経過した頃、この地の旧領主・伊達政宗の扇動により、一揆が勃発した。葛西・大崎（現・宮城県北部から岩手県南部）の地に、三十万石を新領した木村吉清が、襲撃されたのである。

この時、氏郷と新規に召し抱えられた兵《つわもの》たちは、不馴れな北国の地をものともせず、速やかに進軍し、奥州一帯に拡大しかけた一揆を、見事に鎮圧している。

もし、このまま氏郷が存命でありつづければ、豊臣家の末路も大きく様相を変えていたに違いない。関ヶ原の戦いは、起こり得なかったであろう。ところが一代の英雄、自他ともに天下人の器と認めた氏郷は、寿命にだけは見はなされたようだ。

現在でいう結核性の痔瘻《じろう》を患い、文禄四年（一五九五）二月七日、四十歳をもってこの世を去った。

限りあれば吹かねど花は散るものを
心みじかき春の山風（氏郷辞世）

ちなみに、氏郷の死により、幕下にあった幾多の名将や豪傑は、ことごとくが蒲生家を去った。彼らは氏郷が主君であったればこそ、仕えてきた者たちばかりであり、若い後継者＝息子の秀行《ひでゆき》に仕える気はなく、大半は石田三成に仕え直し、関ヶ原の戦いではことごとくが戦死を遂げている。

この間、秀行は下野宇都宮（現・栃木県宇都宮市）十八万石へ移封となり、会津には蒲生家にかわって、上杉景勝が入封したが、景勝には氏郷ほどの器量がなかった。

氏郷の死は、秀吉の死に先立つこと三年、関ヶ原の戦いの五年前のことであった。

誤解されつづける戦国武将

戦国の世に、「北条早雲」という名の武将はいなかった?!

領有していた伊豆国（現・静岡県伊豆半島と伊豆諸島）から、箱根の坂を下り、相模国《さがみ》（現・神奈川県の大半）の小田原を、実力で切り取って戦国時代の幕明けを告げた人物を、一般には「北条早雲《ほうじょうそううん》」と呼んできたが、本人は「伊勢新九郎《いせしんくろう》」、あるいは号して「伊勢宗《そう》瑞《ずい》」と名乗ったことはあったものの、一度として「北条早雲」とは名乗っていない。

「北条」姓を使うようになったのは、彼の子の氏綱《うじつな》の代からであった。

便宜上の早雲は、室町幕府政所執事《まんどころしつじ》（政務を執り行う所の長官）・伊勢氏の一族とされており、幕府御家人に連なっていた過去はあったものの、十一年つづいた応仁の乱がひとまず終息をみたとき、四十代半ばの彼の境遇は、駿河一国（現・静岡県中部）の守護・今川義忠《いまがわよしただ》――より正確には、その内室であり、自らの妹（異説もある）の北川殿《きたがわどの》――を頼った、牢人でしかなかった。

北川殿には義忠との間に、龍王丸《たつおうまる》（のち今川氏親《うじちか》）があり、この子は早雲の甥にあたったわけだが、文明八年（一四七六）正月、遠州潮見坂《しおみざか》（塩買坂《しおかいざか》＝現・静岡県菊川市）で一揆勢と抗争を惹き起こした義忠は、あろうことか討死《うちじに》を遂げてしまう。

後継者の龍王丸が幼少であったため、家中が二つに割れた。

早雲は龍王丸を後継に定め、やがてこの甥を元服させ、新五郎氏親と名乗らせる。

その功により、早雲は今川家より富士郡下方《しもかた》の庄（現・静岡県富士市）を賜わって、興国寺城（現・同沼津市根古屋）を居城とすることになる。彼は伊豆国韮山《にらやま》城（現・静岡県伊豆の国市韮山）に注目。同地は鎌倉幕府の執権北条氏の流れを汲む城主家であり、当主が亡くなると間髪を容れず、どうしたわけか早雲に、ぜひ養子入りしてほしい、との依頼がもたらされる。

おそらく日頃から、根気強く誼《よしみ》を通じて、早雲が北条家の家臣の主だった者を懐柔していたのであろう。

六十歳で養子入りした早雲は、忍耐強く状況の動くのを待った。

延徳三年（一四九一）四月三日、「関東公方」の一《いっ》・堀越《ほりごえ》公方の足利政知《まさとも》が没し、長子の茶々丸《ちゃちゃまる》がその跡を継承したものの、その彼が突然、継母を殺害し、継母が産んだ幼い弟をも殺すという事件を惹き起こす。これを知った早雲は、すぐさま家督を息子の氏綱に譲って、自らは剃髪して隠居宣言を発した。

「早雲庵宗瑞」と名乗った彼は、そのうえで自らの病気療養と弘法大師《こうぼうだいし》（空海）の霊跡を巡礼するため、と周囲に吹聴して、伊豆の修善寺温泉に出発。しばしの逗留を、決め込む。

伊豆四郡の内情を調査した早雲は、手勢二百人と今川家から借りた援兵三百人の計五百人を率いて、清水浦から伊豆に押し渡り、堀越御所を包囲すると、激しく攻めたて、茶々丸を自害に追い込む。

徒手空拳《としゅくうけん》で、ついに伊豆一国を横領した早雲——この辺りで彼は、己れの野望の矛をおさめてもよかったはずだ。早雲は六十四歳。今日に置き替えれば、八十歳を超えてなお、新規の事業に乗り出す経営者がいるか否か。比較検討してみるとよい。

だが早雲は、箱根の向こう側＝小田原を、さらに欲していた。

明応三年（一四九四）八月二十六日、小田原の名将・大森式部少輔氏頼《おおもりしきぶしょうゆううじより》が病没する。氏頼のあとは、その子・信濃守藤頼《ふじより》が嗣いだが、代替わりすると早雲は、しきりとこの藤頼に親交を結びたい旨を伝え、若き後継者を持ち上げた。そうしておいて、油断させたところで、鹿狩りにこと寄せ、一気に小田原城を乗っ取ってしまう（もっとも、早雲は小田原城を居城とはしていない）。

箱根を越えた早雲は、その後、さらに二十四年間（十七年間とも）生きたが、さすがにこれ以上の領土拡大は考えなかった。

永正十六年（一五一九）、韮山城で亡くなっている。享年は八十八と伝えられる。

二代で〝国盗り〟した斎藤道三

一般にこの人物は、一介の油売りから身を起こし、ついには美濃一国（現・岐阜県南部）を簒奪《さんだつ》して主《あるじ》となった、といわれてきた。が、すべて後世の付会《ふかい》（こじつけ）であった。

正しくは、父子二代での「下剋上」であった。

それを明らかにしたのは、永禄三年（一五六〇）七月の、近江（現・滋賀県）の戦国大名・六角承禎《ろっかくじょうてい》（諱《いみな》は義賢《よしかた》）の文書＝「六角承禎条書写《ろっかくじょうていじょうしょうつし》」であった。

全文十四ヵ条の中に、次のようなくだりがあった。

一、彼斎藤治《さいとうじ》（斎藤治部大輔＝義龍《よしたつ》）身上之儀、祖父新左衛門尉者《しんざえもんのじょうは》、京都妙覚寺法花《みょうかくじほっけ》（法

華）坊主落《おち》（還俗《げんぞく》）にて、西村与申《ともうし》、長井弥二郎所へ罷出《まかりいで》、濃州錯乱《さくらん》之砌《みぎり》、心はしをも仕《つかえ》候《そうらい》て、次第ニひいて候て、長井同名ニなり、又父左近太夫（道三）代ニ成《なり》、惣領を討殺、諸職を奪取、彼者《かのもの》斉藤（斎藤）同名ニ成《なり》あかり、剰次郎殿を聟仁取《むこにとり》、彼早世候而後《そうらいてのち》、舎弟《しゃてい》八郎殿へ申合《もうしあわせ》、井口《いのくち》（井ノ口＝稲葉山城下）へ引寄《ひきよせ》（申《もうし》）、事《こと》（外《のほか》）ニ左右をよせ、生害させ申《もうし》、其外《そのほか》兄弟衆、或《あるい》ハ毒害、或ハ隠害《いんがい》（暗殺）にて、悉《ことごとく》（相《あい》）果《はて》候、其因《そのいん》果歴然之事。

道三の子・義龍の斎藤家の躍進が、二代前の新左衛門尉《しんざえもんのじょう》からだったことを述べていた。

この主家乗っ取りは、ときの美濃守護・土岐成頼《ときしげより》が、後継に嫡男の頼継《よりつぐ》（室町幕府八代将軍・足利義政《あしかがよしまさ》の偏諱《へんき》を賜わって「政房《まさふさ》」と名を改めた）を定めながら、継室《けいしつ》（後室《こうしつ》）の子である九郎元頼《もとより》を慈しみ、いつしかこの末子《ばっし》を次期守護にしたい、と野心を抱いたことに端を発していた。

美濃の守護代・斎藤利国（名将妙椿《みょうちん》の養子）と嫡男の新四郎利親《としちか》が、その内戦で討死《うちじに》を遂げてしまう。守護代斎藤家には、利親の遺児・勝千代《かつちよ》（のちの利良《としなが》）だけが残った。

この子を後見した人物こそが、先の文書にあった義龍の祖父――京都妙覚寺の僧で、応仁の乱の最中に美濃へ流れて来て、利国のもとで頭角を現した「長井豊後守藤原利隆《としたか》」であった、というのだ（『美濃明細記《めいさいき》』『江濃記《こうのうき》』『言継卿記《ときつぐきょうき》』にも）。

最初の姓を松波《まつなみ》、ついで西村勘九郎、のちに長井新左衛門尉と改めている。彼は船田合戦＝「濃州錯乱《のうしゅうさくらん》」の中で、利国について抜群《ばつぐん》の働きをしたようだ。その一方では、妙椿が建立した持是院《じぜいん》（現・岐阜県加茂郡八百津町《やおつちょう》）の後釜に厚顔無礼にも座り、三代・持是院妙全《みょうぜん》と号した。すなわち、利隆である（二代は妙純＝利国）。

新左衛門尉＝利隆は、じつに巧《たく》みに美濃の守護代斎藤家の中にまぎれ込み、自らも斎藤氏と、さも血縁関係が近いように振る舞い、周囲にそれを印象づけた。たとえば、それ以前の名乗り＝藤原基宗《もとむね》を、一度は藤原利隆に改めている。「利」は正統斎藤氏の、代々がつけた諱《いみな》の一字であった。これなど、明らかに守護代簒奪の準備のためとしか思えない。

加えて美濃守護となった政房は、およそ乱世の意識をもたない、おめでたい人であったようだ。新左衛門尉こと利隆に絶大な信頼を寄せ、その異数の出世を後押《あとお》ししてしまう。

大永七年（一五二七）、培《つちか》った実力で政房の長子・土岐頼純《よりずみ》（政頼《まさより》、盛頼《もりより》）を守護の座から追った利隆は、頼純の弟の頼芸《よりなり》（よりのり、とも）に家督を継がしめた。

頼純は、越前（現・福井県北部）の朝倉《あさくら》氏を頼って亡命。さらには、尾張の織田氏に援助を要請する。双方の武力により、頼純の子・頼充《よりみつ》（父と同じ頼純とも）は美濃での守護返り咲きを狙うが、一時期、美濃大桑《おおが》城（現・岐阜県山県《やまがた》市）に入るも、天文十六年（一五四七）十一月に病没（暗殺とも）。享年は二十四であった（頼純とその子、頼充については混同がみられる）。

ちなみに、道三の娘・お濃（帰蝶・胡蝶とも）が織田信長に嫁ぐ前に、この頼充と婚姻したのは、天文十八年、お濃が十五歳のときであった。

美濃の実権を握った利隆の成功に、ふわりと乗り得たのが、その息子の長井新九郎規秀《のりひで》（のち利政《としまさ》）——つまりは、斎藤道三であった。

天文七年、彼はまず守護代斎藤氏を継ぎ、その翌年には稲葉山城（現・岐阜県岐阜市）を居城としている。守護の土岐頼芸が道三に美濃を追われ、尾張の織田信秀《のぶひで》（信長の父）を頼ったのは四年後のことであった。

その後、頼芸は信秀の支援によって美濃へ復帰するも、道三と信秀が和議を結んだことで、天文二十一年頃、再び道三に追放されてしまう。

以後、頼芸は織田家や甲斐（現・山梨県）の武田家を頼り、武田家が信長によって滅ぼされた後は、ようやく美濃へ帰国。旧臣で〝西美濃三人衆〟の一《いつ》・稲葉一鉄《いってつ》（諱は良通《よしみち》）の庇護《ひご》下で、〝本能寺の変〟後の天正十年（一五八二）十二月四日に、この世を去っている。享年は八十一であった。

元服後、新九郎義龍と名乗った道三の嗣子は、天文二十三年に父から家督を譲られたものの、道三は己れが手にした権力を、息子の義龍にそのままわたさなかった。当然のごとく、義龍は父に不平・不満を抱き、父と距離をおくようになる。

一方、異母弟の孫四郎（龍重《たつしげ》）が父・道三にかわいがられ、「左京亮《さきょうのすけ》」へ任官すると（『美濃国諸旧記《みののくにしょきゅうき》』）、義龍は父と対決する腹を据《す》える。

さらに道三は、同じく義龍の異母弟・喜平次《きへいじ》（龍定《たつさだ》）に、室町の名門の一色《いっしき》姓を継がせるにいたった。

弘治元年（一五五五）十一月、その道三の鷹狩りの留守を狙い、義龍はまずは孫四郎と喜平次を仮病を使って呼び寄せ、これを斬殺。道三とはここで、義絶する。二人の子を失った道三は、すぐさま挙兵した。

己れが精魂傾けた天下の堅城・稲葉山城下を放火し、長良川《ながらがわ》を渡って大桑城に退却――道三はわが子との戦いに年を越し、この間、婿となっていた信長に「美濃一国の譲り状」を送ったという。

弘治二年四月二十日、義龍方一万七千余に対して、道三方は二千七百余。さしもの道三も多勢に無勢で押され、ついに長良川で討ちとられてしまう。享年六十三と伝えられる。

美濃は完全に、義龍のものとなった。父を自らの手で討った義龍ではあったが、一説に彼は道三を生け捕りにしたうえで引退させ、その後は幽閉するつもりであったという。

筆者もそうであったに違いない、と考えてきた。史実の義龍は、父・道三に、限りない愛情を抱いていた雰囲気が感じられたからだ。しかし、後継者としての立場は複雑であり、美濃国内には道三のこれまでのやり方に対する不平・不満も、大いに蓄積されていた。

義龍は手違いで父の生命《いのち》を奪ってしまったが、その領国経営はことごとく父の手法を踏襲している。領民たちも義龍に懐《なつ》いており、信長が道三の死を〝好機〟とばかりに、美濃併合を狙って攻めかかったものの、義龍の生きている間はついに、成就をみなかった。

義龍もまた、父に劣らぬ三代目の名将であった、といえる。

永禄四年（一五六二）に義龍が病没し、その子・龍興《たつおき》の代になってようやく、信長はかつての道三派の人々〝西美濃三人衆〟を味方に引き込み、美濃を併合することに成功する。永禄十年八月のことであった（信長はこの年、三十四歳）。

道三が世を去ってから、十一年の歳月が経過していた。ちなみに信長の没年は、本能寺の変による四十九歳である。

今川義元は、暗愚な武将ではなかった?!

〝海道一の弓《ゆみ》取《と》り〟

といわれ、駿河《するが》（現・静岡県東部）、遠江《とおとうみ》（現・静岡県西部）、三河《みかわ》（現・愛知県東部）の広大な領地を持つ今川治部大輔義元《じぶのたいふよしもと》は、いつも織田信長の仇役《かたきやく》として、戦国初の上洛戦を敢行しながら、途中の桶狭間で敗死するだけの、損な役回りを振られてきた。

その義元像といえば、室町将軍家に継ぐ名族の出自《しゅつじ》が強調されるだけで、凡庸《ぼんよう》な貴人との印象《イメージ》が定着しているが、史実の彼は尋常ならざる戦国屈指の名将といってよかった。

義元の影が薄いのは、傍《かたわ》らに名軍師・太原崇孚《たいげんそうふ》（別号に雪斎《せっさい》）がいたためともいえる。

大永二年（一五二二）、崇孚はときの今川家当主・氏親《うじちか》に呼び寄せられ、五男・方《ほう》（芳）菊丸《ぎくまる》＝梅岳承芳《せんがくしょうほう》の養育係を命じられる。崇孚、二十七歳。承芳こと義元は四歳であった。

承芳の上には今川家十代を継ぐ、七歳年上の長兄・氏輝《うじてる》がいたが、彼は天文五年三月十七日、二十四歳の若さで逝去してしまう。氏輝に子がなかったため、弟の承芳と異母兄（三男）で、志太《しだ》郡花倉《はなぐら》（現・静岡県藤枝市花倉）の遍照光院《へんじょうこういん》の住持・玄広恵探《げんこうえたん》（良真《りょうしん》）が家督を争うことになる。

崇孚は承芳の軍師をつとめ、外戚の北条と武田の二氏を味方につけ、自ら恵探の軍勢の出鼻を挫《くじ》き、瀬戸谷《せとのや》（現・藤枝市瀬戸ノ谷）の普門《ふもん》寺において、〝花倉の乱〟を制した。

ときに、承芳こと義元は十八歳。崇孚は四十一歳。

二人はすかさず、武田信虎《のぶとら》の嫡子・晴信《はるのぶ》（信玄）の正室に、公家の転法輪《てんぽうりん》三条公頼《きんより》の娘を斡旋する。義元の家督相続の翌年＝天文六年には、信虎の娘（信玄の姉）を義元の正室に迎えることに成功した。

一方の北条氏はもともと、義元の父・氏親と北条氏綱《うじつな》（北条早雲＝伊勢宗瑞《そうずい》の嫡子）が従兄弟の関係にあり、義元の姉（または妹）が氏綱の子・氏康の正室となっていたから、そもそもの同盟関係といってよかった。

このようにみてくると、やはり〝黒衣の宰相〟が偉かったのだ、と読者は思い込まれるかもしれないが、崇孚も手にあまる問題が出来《しゅったい》する。

北条氏綱が隙《すき》を突いて、駿東《すんとう》と富士の二郡へ、侵攻して来たのである。

義元は北条を後回しにして、まずは崇孚に対武田外交を命じた。

天文十年（一五四二）六月四日、武田信虎が信濃佐久平《さくだいら》（現・長野県佐久盆地）に攻め込んだ帰路、義元は信虎を駿府へ招き入れ、これを軟禁。信玄も呼応して、国境を閉鎖した。

これは信虎の諏訪《すわ》氏との同盟による、信濃進出策を一度白紙にもどし、今後の進攻は武田家が独力で信濃へ、今川家は西へという不可侵条約の締結が目的であった。

駿甲同盟を確かなものにしたうえで義元は、攻めくる北条氏に対して、北関東の山内《やまのうち》上杉家の憲政《のりまさ》（関東管領）を誘い、北と西からの挟撃作戦に出る。

北条氏には、越後（現・新潟県）の長尾景虎《かげとら》（上杉謙信）という強敵もあった。

天文十四年十月、義元は北条氏に占拠されていた二郡を奪還。さらに、この北条氏を加えた、三国同盟を模索する。このあたり、義元の真骨頂といってよい。

天文十九年六月二日、信玄の姉で義元の夫人が三十二歳で死去すると、同二十二年十一月、義元の娘が信玄の長男・義信《よしのぶ》へ婚礼し、一方で信玄の娘を北条氏康の子・氏政《うじまさ》に、氏康の娘を義元の子・氏真《うじざね》に嫁することとした。

——ついに磐石《ばんじゃく》の、駿甲相三国同盟が成立する。

この間、義元は西方に興った新勢力＝尾張の織田信秀《のぶひで》（信長の父）を相手に、三河の領有をかけて争い、信玄は再び信濃攻略へ、北条氏は関東へと、各々版図を拡大することになる。そして、小豆坂《あずきざか》（現・愛知県岡崎市）で尾張勢と戦った義元は、織田方の人質となっていた松平竹千代《たけちよ》（のち徳川家康）を奪回した。

永禄三年（一五六〇）五月十二日、義元は二万五千（公称四万五千）の上洛軍を西進させる。対する信長の兵力は三千に届かない。ただこのおり、今川の本陣には崇孚の姿がなかった。彼は五年前に、この世を去っていた。寂年六十。

自ら兵を率いて進軍した義元は、五月十九日、休憩中を信長に奇襲され、討死《うちじに》を遂げる。こちらの享年は、四十二。

まだ、この頃、戦国に劇的な変化《パラダイムシフト》を与える鉄砲は普及していなかった。

義元はその一つ前の時代に、天下統一＝泰平を希求した。すなわち、武田氏・北条氏との背中合わせの三国同盟による、三方向への武力平定戦である。義元は室町幕府の、新たな再編による副将軍、三管領の一《いっ》を、目指していたのではあるまいか。

彼の敗因を一言で語るとすれば、義元は信長のことをあえて、積極的に識《し》ろうとはしなかった。彼は信玄が兄事《けいじ》したほどの、優れた名将である。教養も兵法も、あらゆる面で義元は卓越しており、信長など問題外であったろう。

そのため、自分が信長ならば……、とは考えなかった。

天は義元を選ばず、無学の風雲児・信長を採った。義元亡き大国今川氏は九年後、東半分を武田家に吸収され、西半分を徳川家に併合されて、この世から消滅してしまった（義元の嗣子・氏真は家康のもとで高家旗本となり、慶長十九年〈一六一五〉にこの世を去っている）。

織田信長の家は平家出身ではない?!

織田家の先祖については、平家説・藤原説・忌部《いんべ》説の三説がある。

平清盛の孫で、壇ノ浦の合戦で戦死した平資盛《すけもり》の遺児が、近江国（現・滋賀県）津田荘の郷長に養われ、のちに越前国丹生《にう》郡織田《おた》荘（現・福井県丹生郡越前町）にあった織田劔《おたつるぎ》神社の神主に養育されて親真《ちかざね》と名乗った。ついで剃髪《ていはつ》して覚盛《かくせい》と称したが、この覚盛こそが織田氏の先祖だというのが平家説である。

この平家説に対して、元東京帝国大学史料編纂官の田中義成《よしなり》は、信長が天文十八年（一五四九）十一月、尾張国熱田《あつた》（現・愛知県名古屋市熱田区）八ヵ村に宛てた制札に、「藤原信長」と署名しているのを根拠に、織田氏は藤原氏だ、と主張。信長の時代になって、彼が平家へと改姓したのは、源平交替思想によって、源氏の室町幕府十五代将軍・足利義昭にかわり、平家の信長が天下を治めることを、正当化するためだった、と結論づけた。

のちに、豊臣秀吉が平家を一時、名乗ったことからも、この源平交替思想は多くの人に支持されてきたといってよい。では、もう一つの忌部説はどうか——。

信長の先祖・織田氏は越前国丹生郡織田荘の、織田劔神社の神官であった忌部氏の出身だから、貴族の藤原氏とは関係がない、と説いていた。

こうした三説のほかにも、平資盛が西海《さいかい》に落ちのびた日、愛妾が近江の津田郷に避難して、やがて資盛の遺児を産んだ。この子が長じて津田親実《ちかざね》（前出と別人）と名乗り、さらに越前国織田劔神社の神主の養子となって織田氏を称した、という物語もある。

いずれにせよ、織田氏が越前国丹生郡織田荘の出身であるのは事実のようだ。しかもこの織田劔神社が、織田信長の先祖の秘密を握っていることは、確かなことに思われる。

その証左《しょうさ》に、信長自身がこの織田劔神社を、氏神として崇敬していた。それは同神社に伝来する、信長の家臣・木下祐久《すけひさ》の書状（天正元年〈一五七三〉、信長の越前平定直後）に、「おのおの存知の如く、織田寺《ママ》の御事は殿様（信長）御氏神について、別して御念を入れられ、御朱印を遣わされ候条《そうろうじょう》」と、記されていることからも明らかであった。

信長自身も、「先祖別して子細これ有る」（天正三年九月二十三日付）と述べている。

また、明徳四年（一三九三）に織田劔神社に納められた、「藤原信昌《のぶまさ》・同兵庫助将広《ひょうごのすけまさひろ》父子の置文《おきぶみ》（子孫に書き記したもの）」には、信昌―将広父子が織田劔神社を修理・再興したこと、子々孫々、修理を怠らず荒廃させぬようにすることなどを誓い、書き残していた。

のちに平家を名乗る織田信長の、先祖は果たして忌部であったのか、それとも藤原であったのだろうか。興味は尽きない。筆者は素直に、忌部説だと推測してきた。

いずれにしても、織田家は越前国織田荘を本貫《ほんがん》として起こったことは間違いあるまい。

律義者の浅井長政が下した苦渋の決断とは?!

尾張（現・愛知県西部）一国を統一し、隣国美濃（現・岐阜県南部）をも併合した織田信長は、将軍候補の足利義昭を擁して、一路、京都をめざした。

残る問題は、途中の近江路（現・滋賀県）にあったが、江北《ごうほく》（湖北《こほく》）の戦国大名・浅井長《あざいなが》政《まさ》（二十三歳）は、性格が剛直で律義者。堂々とした体軀に加えて、先見性もあるという。

これは有難い。信長はすでに、同盟関係にあった三河（現・愛知県東部）の徳川家康と同様に、浅井家との同盟を画策。上洛に先立ち、その切り札として永禄十年（一五六八）、実妹・お市《いち》を長政のもとへ嫁がせた（同七年説もある）。

長政はやがて、信長が天下を取ると見通すだけの眼力をもっており、この同盟が浅井家の運を開くものと信じて疑わなかった。

ただ、浅井家は越前の名門・朝倉《あさくら》家の庇護を受けて、独立した経緯があり、長政は信長と同盟するにあたって、

「朝倉家と差し障りが生じた場合、先ず浅井家に連絡すること」

という条件を提示し、信長の了解を得ていた。

こうした長政の律義さを、信長は好んだ形跡があった。傍目にも羨《うらや》むほど、長政を引き立てている。京都の公家や豪商にも長政を売り込み、家康と並ぶ厚遇と他者には映ったかもしれない。それでいて信長は、長政との約定《やくじょう》を一方的に破棄したのであった。

名門意識を鼻にかけ、成り上がりの信長を軽蔑する朝倉家の当主・義景《よしかげ》は、信長の再三にわたる上洛要請にもかかわらず、これを完全に黙殺した。

信長はこの朝倉義景の態度を、室町幕府十五代将軍となった義昭への、叛逆行為と見做《みな》

した。難癖といってよい。信長は朝倉征伐を、自身が官軍となることで正当化し、家康の軍勢ともどもに連合軍を率いて、不意を衝いて越前敦賀《つるが》平野（現・福井県敦賀市）に殺到した。

これは私闘ではない。将軍の命令を受けての〝公〟の戦《いくさ》であるから、長政に通告する筋合いのものではない、と信長は解釈し、身勝手に報告義務を果さなかったのだろう。その証拠に、長政には征伐の連合軍に参加しろ、とはいっていない。

消極的中立＝傍観してくれるだけでよい、と信長は考えていたようだ。

だが、当の長政は一徹者である。彼は考えた。知らぬふりを決め込めば、旧恩の朝倉家は滅亡し、信長の天下制覇は着実に近づく。その暁には、義弟の己れは、朝倉の旧領を得られるかもしれないし、栄耀栄華も夢ではない。しかし、武士としての義は立たない。

逆に、信長に抗《あらが》えばどうなるか。この〝覇王〟を朝倉家と組んで一閃《いっせん》、一撃の下《もと》に倒せればよし。もしもとり逃がすようなことにでもなれば、浅井家に単独で織田家と渡り合えるだけの軍事力はなかった。当惑し、苦慮した挙げ句、長政は本来の己れに備わった篤実な性格に立ち戻る。やはり、旧恩は忘《ぼう》じ難《がた》し。

加えて、戦国武将としての一分《いちぶん》——自らの野心——もあったであろう。

さらには、北近江の浅井氏は、都に近い地域に多い、土豪連合政権の側面があり、一応、浅井氏を首領に担いでいる、との事情もあった。彼らは同盟以来、信長にこき使われる日々に嫌悪、憎悪を募らせてもいた。

長政はすぐさま、敦賀に展開する織田軍の退路を遮断。朝倉軍に呼応して、織田連合軍の包囲殲滅の挙に出た。この変報に接した信長は、当初、容易に信じられなかったようだ。

「まさか、あの律義者が……」

と、絶句したほどであった。

信長にしてみれば、妹を与え、官位を昇進させるなど優遇した長政が、なぜ逆らうのか、理解できなかったのも無理はない。が、長政の決断は利害得失を超越した次元＝〝義〟の選択であった。無論、失敗は許されない。
だが、信長はこの危機を掻潜《かいくぐ》り、九死に一生を得て京都へ生還してしまう。

「もはや、これまでか……」

信長を討ち洩らした長政は、それでも姉川《あねがわ》の合戦に挑んだものの、同盟者・義景の優柔不断さに足をとられ、ついには本拠地の小谷《おだに》城（現・滋賀県長浜市）に立籠《たてこも》ることになる。

動揺する将士たちを鎮めるため、長政は己れの手で、自らの葬儀（生前葬＝逆修供養《ぎゃくしゅくよう》）まで出している。家臣たちは長政の潔さに感激し、城を枕に討死《うちじに》の覚悟を固めた。

長政は妻と娘三人を信長の許《もと》に送り届けて、嫡子・万福丸《まんぷくまる》は城から落とし、家臣の助命を条件に、降伏を一度は受け入れたが、織田軍が家臣を捕えるのをみて、自刃して果てたという。長政の享年は二十九であった（万福丸はのち、発見されて殺される）。

三姉妹のうちの、長女は淀殿として秀吉の側室となり、世継ぎの秀頼を出産。次女は名門京極家に嫁ぎ、三女の江《ごう》は徳川幕府二代将軍秀忠の正室となって、三代将軍家光を産む。

また、江の末娘・和子《まさこ》は、後水尾《ごみずのお》天皇（第百八代）の中宮となり、その長女は女帝・明《めい》正《しょう》天皇（第百九代）となった。

見方によれば、長政の血脈は天皇家と将軍家に流れて、天下を統《す》べることになった、といえなくもない。

信長は髑髏《どくろ》の盃で酒など飲んでいない!!

天正二年（一五七四）正月、織田信長は諸将を集めた宴《うたげ》の席で、

「今宵《こよい》は珍しき酒の肴《さかな》がある」

といい、小姓《こしょう》に、ある物を持ってこさせた。

何とそれは、金箔《きんぱく》を施《ほどこ》された朝倉義景と浅井久政―長政父子の頭蓋骨《ずがいこつ》であった。

信長はそれを盃《さかずき》として酒を注ぎ、旨そうに飲んで、気味悪がる家臣たちにも、この盃

で飲むことを強要した——との挿話が、世に流布している。

しかし、事実は大きく違っていた。

まず、信長は下戸《げこ》である。旨そうに酒を飲むなど、あり得ない話であった。

『信長公記』によると、

「正月の宴で、酒の肴《さかな》として、箔濃《はくだみ》にされた朝倉義景と浅井久政、浅井長政の三人の髑髏が出された。家臣たちはそれを見て、めでたいめでたいと謡ったり踊ったりした」

とあった。

三人の頭蓋骨が、宴に出されたのは事実のようだが、金箔ではなく箔濃であった。

箔濃は漆《うるし》に金粉を施したものをいう。つまり、黄金の髑髏ではなく、黒い髑髏がキラキラと金色に輝いていたはず。

何よりも異なったのは、髑髏は盃にはされていなかった点である。

家臣たちは気味悪がるのではなく、

「めでたいめでたい」

と大喜びしている。

三人の武将は、金ヶ崎《かねがさき》の退き口《のぐち》に姉川《あねがわ》の戦い、志賀《しが》の陣と、三度にわたって信長軍を大いに苦しめた人々であった。

筆者はこの宴を、勝者である信長から、敗者となった三人への、鎮魂の宴だったと考えてきた。戦《いくさ》ではたまたま自分たちが勝者となったが、一つ間違えば、首を取られて骸《むくろ》となったのは自分たちであったかもしれない。

武運拙《ぶうんつたな》く敗れ去った三人に、どうか安らかに眠ってほしい、という慰霊の意を込めたものだったのではなかろうか。

それが家臣たちの、「めでたいめでたい」と謡ったり踊ったりする形に、現われたのではあるまいか。

しかも彼らの頭骨は、丁重に漆塗りされ、さらには金粉まで振りかけていた。筆者はこれこそ、死者を敬意をもって弔った証《あかし》だと考えるのだが、読者はいかがであろうか。

明智左馬助の〝湖水渡り〟はすべてウソ!!

大正三年（一九一四）に著された千頭清臣《ちかみきよおみ》の『坂本龍馬』は、坂崎紫瀾《さかざきしらん》の小説『汗血千里駒《かんけつせんりのこま》』を底本として、龍馬の坂本家の先祖が、明智光秀の一族であったと述べている。

坂本家にも「明智氏の裔《すえ》」との伝承があったようで、以来、この伝承が真《まこと》しやかに広く一般に浸透したわけだが、これは坂本家の家紋がたまたま桔梗《ききょう》であったことから、近江坂本（現・滋賀県大津市坂本）を重ね合わせて、明智光秀の一族が土佐国長岡郡才谷《さいたに》村（現・高知県南国市才谷）に隠れ棲《す》んだ、とのロマンを創作したにすぎない。

明らかに、後世の作為《さくい》であった。龍馬が生まれる六十年前、その先祖は刀を二本差す身分となったのだが、「坂本」姓が手に入ると、この一族はこれまで使用してきた「大浜」姓を不意に捨て去っていた。

坂本家の先祖を明智光秀の従兄弟・左馬助光春《さまのすけみつはる》とする話が広まったのも、この頃のこと。もっともこの寓話は、左馬助からしておかしかった。流布書にある左馬助光春は、正しくは明智秀満《ひでみつ》のこと。この人物を光秀の従兄弟と後世の『明智軍記』は述べたが、これも誤り。三宅弥平次《みやけやへいじ》が前名で、光秀の娘婿となって明智姓となっていた。

秀満は確かに、光秀第一の重臣。丹波福知山城主をつとめ、本能寺の変においては先鋒をつとめている。その後、安土城の守備をまかされ、山崎の合戦には出陣していない。

主君光秀の敗報に接し、坂本城に入ったが、『川角太閤記《かわすみたいこうき》』では単騎で湖水を渡ったと記載があり、ここから「左馬助湖水渡り」の伝承が生まれた。

すなわち、光秀の敗死を知った秀満は、坂本城に引き揚げようとしたが、大津で堀秀政の兵に遭遇した。そこで秀満は、名馬に騎乗したまま、湖水渡りをしたというのである。

さらには、狩野永徳が墨絵で雲龍を描いた羽織を着用し、鞭を駒にあてて琵琶湖を渡した、という奇想天外な逸話もあった。しかし現実には、秀満は舟を使用しており、坂本城へ入るや光秀の妻子を殺し、自らも自刃して果てている。

この坂本城落城のみぎり、左馬助＝秀満の一族が黄金を壷につめて長宗我部氏をたより、遠く天険の地・土佐へ落ちのびた、というのも残念ながら頷《うなず》けない。

百歩ゆずって、近江から持参した黄金で、城下町に移り住み、それを元手に商いをはじめた、としてみても、これはあまりに荒唐《こうとう》無稽《むけい》でありすぎた。うなるほどの黄金が最初からあれば、借家住まいをする必要もあるまい。否、これこそ世をしのんでのこと、というなら、黄金が西日本では流通していなかった当時の事情を考えればよい。

江戸で「給金」、大坂で「賃銀」と呼ばれたのは流通貨幣の相違によってであった。もし、高知城下で黄金を取り出せば、それだけで記録される大事件となったに違いない。

史実とは正反対の評価を受けた〝律義者〟前田利家

歴史の面白さは、ときに同じことをしながら、正反対の評価を受けるところにもある。

天正十一年（一五八三）四月、柴田勝家と羽柴（のち豊臣）秀吉が戦った賤《しず》ヶ《が》岳《たけ》の一戦は、その後に〝加賀百万石〟の藩祖となる前田利家の評価を、一日にして決定づけた。

それは本人をして戸惑わせるに十分な、〝教訓〟を含んでいたといえる。

――このとき利家は、勝家の陣営に在った。

にもかかわらず、秀吉と戦って生き残り、のちの豊臣政権で五大老の一《いつ》となったのは、なぜであったろうか。そこには利家の、明白な裏切りがあったからだ。

それでいて利家は、史上に名を残す律義者となった。なぜなのか。

本能寺に織田信長を襲った明智光秀を、〝中国大返し〟によって、山崎で討ち果たした羽柴（のち豊臣）秀吉は、織田家の跡目《あとめ》（信長の嫡孫・三法師《さんぼうし》）や領地分配に、大いに重きをなしたものの、かねてから犬猿の仲であった筆頭家老の柴田勝家とは、かえって亀裂を決定づけることになってしまった。

主君信長の遺産を相続するか、さもなくば滅亡するか――秀吉は勝家との戦いに、己れのすべてを賭けた。

天正十一年四月二十一日午前六時、前日に美濃大垣（現・岐阜県大垣市）からわずか五時間で一万五千の兵を急行させ、近江賤ヶ岳（現・滋賀県長浜市）に布陣した秀吉軍が、勝家方の先鋒・佐久間盛政《さくまもりまさ》の軍と激突する（もう一つの〝大返し〟と後世、呼ばれることになる）。

戦況は混沌《こんとん》とし、両軍は一進一退をつづけていた。

このときである。突如、勝家方の部将・前田利家の軍勢が、撤退をはじめたのであった。

「――いずこへ参られるや」

狼狽《ろうばい》した盛政から使者が馳せてくる。利家は寡黙《かもく》に、ただ一言、

「思うところあり帰国いたす」

とのみ答えたという。

利家のこの不可解な行動は、勝家方の全陣営にはかり知れない衝撃と動揺をあたえた。

とくに後方は、利家の退去を、最前線の崩壊とみた。

戦場心理の恐ろしさは、いまだ盛政軍は健在であったにもかかわらず、勝家方の全軍が崩壊しはじめたところにも如実であったろう。

盛政の最前線は、後方での崩れが前方を襲ったがゆえの、崩壊であったといえる。

では、利家はなにゆえに、このような大それた行動をとったのであろうか。

通史ではしきりと、秀吉との〝友情〟を説く。なるほど、二人の妻同士は以前より仲がよい。秀吉は利家の娘・豪姫を養女としていた。羽柴・前田両家のかかわりは、幾重にも重なっていたといえる。

また、律義者の利家は本来、秀吉陣営に属すべき人物であったから、との解釈も耳にするところだ。だが、それゆえに味方を裏切ってよい、というわけにはいくまい。

まして利家は、これまで織田家の北陸方面軍の司令官・勝家のことを「親父殿」と呼び、

敬慕している。

その恩義ある勝家を、利家が見限ったのは、秀吉との友情とは関係なく、あくまでも現実――味方の敗戦を読んだ利家の、自家保全策以外のなにものでもなかった。

彼は友情に名を借りて、秀吉に恩を売ったにすぎない。

関ヶ原の戦いに置き替えれば、この局面での利家の裏切り行為は、まさに西軍の小早川《こばやかわ》秀秋《ひであき》に匹敵した。しかしながら、利家が後世〝裏切り者〟との侮蔑《ぶべつ》の言葉を浴びなかったのは、この人物のその後の身の処し方にあった。

利家が居城の府中（現・福井県越前市）へ戻った半日後、敗軍の将・柴田勝家がわずかな供廻りを連れて府中城を通りかかった。

府中を経なければ、勝家は居城の北ノ庄《きたのしょう》（現・福井市）へは帰れない。

このとき利家が軽忽《けいこつ》であれば、ここでいま一度、勝家の首を取って秀吉に恩賞をもらおうと考えたであろう。だが、利家はそうはせず、勝家を労《ねぎら》い、一行を無事に通過させた。

他方、勝家も立派であった。

利家の利敵行為を一言も責めず、逆に、今日までの忠勤を感謝し、

「以後は、秀吉方の陣営で身を立てるよう……」

そういい残して、別れたという。

柴田勝家の後世の評価は、太閤秀吉を敵としたため、いまひとつのままだが、やはり信長が筆頭家老に据えただけの人物であった。

勝家の武士らしい、達観した退却が利家の悪名を封じ込めた。加えて、その翌日には、府中城に迫った秀吉も、大軍を離れて単身で城内に乗り込み、そして利家にただただ〝友情〟を感謝したことで、利家の面目は大いに立ったのであった。

しかも、年を経るにしたがって、利家に生じた武人らしい風韻《ふういん》や豊臣大名としての重みが、多くの後輩の武将たちに慕われたがゆえに、のちには豊臣政権の「五大老」として、徳川家康と並び称されるまでになったのである。

――実に、得をした生き方であった、といえなくもない。

〝鎮西《ちんぜい》一の覇王《はおう》〟大友宗麟の憂鬱《ゆううつ》

戦国時代、九州の豊後（現・大分県の大半）を中心に、近隣に君臨し、もう少しで全九州を制覇したであろう武将がいた。大友宗麟《そうりん》（義鎮《よししげ》）である。

大友家は二十二代、四百年の伝統をもって栄え、戦国の真っ只中《ただなか》、二十一代の宗麟の代で、その最盛期を迎えた。豊前（現・福岡県東部と大分県北部）、豊後、筑前（現・福岡県北西部）、筑後（現・福岡県南西部）、肥前（現・佐賀県と長崎県）、肥後（現・熊本県）の六ヵ国を支配下に置いた彼は、〝鎮西一の覇王〟と呼ばれた。

ただ、この武将は天下人と成り得る器をもちながら、あらぬ方向へ身をふりむけてしまったため、その評価はキリシタン大名としての、外来文化に対する功労者とみるのはよい方で、好色・好戦的な独裁者とされる場合が少なくなかった。

父・義鑑《よしあき》から、半ば奪いとるかたちで「守護《しゅご》」を継いだ宗麟に、まず立ちはだかったのは、周防山口（現・山口県山口市）を本拠とし、この時期、しきりに九州侵攻を狙《ねら》っていた大内義隆《よしたか》である。大内氏は対外貿易によって得た巨万の富で、筑前、豊前を侵し、中国地方も含め七ヵ国をも実質領有していた。

その義隆が、叛臣《はんしん》・陶晴賢《すえはるかた》に取ってかわられ、晴賢は中国地方統治の必要から、宗麟との間に不可侵条約を締結する。宗麟の弟・晴英《はるひで》を、晴賢の傀儡《かいらい》として大内氏の名跡に就《つ》かせることで、双方は了承。天文二十一年三月、晴英は大内義長《よしなが》と名乗り、宗麟は東からの脅威、侵略の重圧を避け得た。

ところが弘治元年（一五五五）秋、晴賢は臣下ともいうべき毛利元就《もうりもとなり》に安芸《あき》（現・広島県西部）の厳島《いつくしま》で討たれ、翌年には義長が、長府の長福寺《ちょうふくじ》（現・功山寺《こうざんじ》）で自害して果ててしまう。

宗麟は毛利氏の攻勢を跳ね返し、北部九州をを制圧。豊前、筑前、筑後の守護職を新たに獲得する。併せて「九州探題《たんだい》」を手中にし、前後して長子義統《よしむね》も生まれた。

〝肥前の熊〟こと、肥前佐嘉《さが》（のち佐賀）の龍造寺隆信《りゅうぞうじたかのぶ》が勢威を増大し、毛利氏と結んで宗麟と敵対してきたおりも、宗麟は尼子《あまこ》家の旧臣・山中鹿介《しかのすけ》や、大内家の遺族輝弘《てるひろ》と協力し、小早川隆景《こばやかわたかかげ》ら九州遠征軍先鋒を撤退させることに成功している。

元亀二年（一五七二）六月、元就が七十五歳で没した。それは同時に、宗麟の全盛期出現を意味したといえるが、後世からふりかえると、ここで彼が一安心したのがいけなかった。

七年後、宗麟は心身の疲れをキリシタンの洗礼に逃れ、教名をドン・フランシスコと称した。彼は己れの成功に満足し、軍備のための蓄えを教会に注ぎ込む。その気になれば、上洛も夢ではなかった局面だけに、彼のこうした行動は不思議でならない。

薩摩・大隅二州を統一した島津氏が、領国支配の態勢を固め、日向（現・宮崎県）へ進攻を開始していたにもかかわらず、である。

父のキリシタン傾倒で、島津の国内平定＝北進が憂慮《ゆうりょ》されるなか、大友の新領主・義統《よしむね》は、同盟関係にあった日向の伊東義祐《よしすけ》の救援要請を受け、即座に六万の軍勢を日向に発する。態勢挽回を念じたその勢威は凄《すさ》まじく、日向の十七城は瞬時にして降伏した。

けれども、戦勝の報に接するや、隠居の宗麟が妻子や宣教師をともなって海路、日向にやって来た。問題はこのおり、軍船に十字架の旗を掲げ、家臣たちには数珠《じゅず》と影像《えいぞう》を奉じさせたことにあった。大友軍の将兵は一気に、士気を低下させる。

島津軍の日向侵攻最後の拠点・高城《たかじょう》の攻略に失敗。耳川《みみかわ》の合戦でも、大友軍は四千とも二万ともいわれる戦死者を出し、宗麟は、最初にして最後の大敗北を喫してしまう。

これまで大友氏に服していた城主たちも、キリシタンへの反抗心もあって、多くが戦線を離脱し、叛旗を翻した。内外に敵を受けて絶体絶命《ぜったいぜつめい》になった宗麟は、ここで奇手に出る。

全国平定に王手をかけていた、豊臣秀吉に直訴したのだ。

秀吉は宗麟の願いを聞き届けて、九州征伐を行い、島津氏を軍門に降すや、豊後一国を大友氏に安堵した。宗麟はそれを見届けるかのように、天正十五年（一五八七）五月に息を引きとった。享年五十八。なお、その数年後、大友義統は改易《かいえき》されるのだが、実質、宗麟の死とともに名門大友氏は、すでに燃え尽きていたのではあるまいか。

藤堂高虎は生涯に何度、主君を替えたか?!

戦国武将・藤堂高虎が、最初に手にした年俸は八十石＝二百四十万円程であった。

それが最終的に、三十二万九千石（十三億七千四百八十四万円）となる。

――破格の出世、といってよかったろう。

もともとの、出自が良かったわけではない。父・虎高《とらたか》は近江（現・滋賀県）の国内で地侍をしていたらしいとのこと。高虎には兄がいたが、戦死したという程度のものであった。加えて、高虎が巨漢であったことは史実である。六尺三寸（約百九十センチ）、体重三十貫（百十三キロ）あった。彼はこのめぐまれた体格と度胸にものをいわせ、抜群な戦場働きをした。が、その出だしは失敗と失望、悲嘆の連続でしかなかった。

なにしろ後世、餅《もち》を食い逃げした挿話も創られている（講談「出世の白餅」）。

元亀元年（一五七〇）六月、高虎は十五歳で本格的な大合戦＝姉川の合戦に、浅井方の陣借りとして参戦している。が、織田信長と徳川家康を敵軍とした浅井・朝倉連合軍は大敗を喫してしまう。次に仕えた山本山《やまもとやま》城の阿閉貞秀《あつじさだひで》も、気に入らず再び出奔。

ようやく、湖西（現・滋賀県西部）の小川城主で、浅井家の猛将といわれた磯野員昌《かずまさ》を頼《たよ》り、正式に得た家禄が冒頭《ぼうとう》の八十石であった。高虎は骨惜しみなく懸命に仕えたが、員昌の養子に入った信澄（実父は信長の弟信勝〈信行とも〉）は、一向《いっこう》に自分を認めてくれない。

嫌気がさして高虎は、隙を見て逃亡。郷里へ舞いもどった彼は、ここで織田家の出世頭・羽柴（のち豊臣）秀吉が、湖岸の今浜《いまはま》の領主となり、地名も「長浜」と改め、大そうな羽振《はぶり》であることを知る。口利きしてくれる人があり、高虎は秀吉の弟・羽柴秀長（当時は長秀）に仕えることになった。通算、五度目の出仕である。

秀長は高虎を一見して、三百石（年俸千二百万円）の値をつけてくれた。高虎が二十一歳、秀長が三十六歳のときである。

その後、秀長のもとで高虎は、一万石の大名となる（三十歳）。

この出世は何故であったか。人より優れた巨体を酷使して、死を恐れずつねに先陣、その中にあって一番槍をこころがけ、退くときは殿軍《しんがり》を志願しつづけたことによる。

それだけではなかった。秀長に算盤を学べといわれれば懸命に独習して自得し、鉄砲足軽をまかされれば、鉄砲操縦に独自の工夫研鑽を傾注した。

高虎は自らの無学を、実践の中で補いつづけたといえる。

のちに〝名人〟と讃《たた》えられる築城術も、水軍の操縦法も、必要に迫られながら必死になって勉強し、いずれも自分のものとしている。

ところが、天正十九年（一五九一）正月二十二日、主人の秀長は病没。享年は五十一であった。すでに二万石の身代となっていた高虎（三十六歳）は、秀長の甥で養子となっていた十三歳の、秀保《ひでやす》の後見を遺言されるが、朝鮮出兵の実務に携わっていた高虎は、秀保の日常をみることができない。

もともと凡庸であったこの二代目は、養父が死去し、重石《おもし》がとれたこともあって、一気に酒色にはまり込み、文禄三年（一五九四）に病没してしまう（毒殺説あり）。大和（現・奈良県）の豊臣家百十六万石は、唐突に断絶となった。

失意の高虎は高野山へ登り、仏門へ帰依することを決断する。しかし、彼の存在はすでに秀吉にとっては、なくてはならないほど大きなものとなっていた。

高野山に使者を遣《つか》わし、上洛を命じた秀吉は、陪臣であった高虎を伊予（現・愛媛県）国内で七万石の領主として独立させる。決め手は水軍の指揮能力——高虎はすでに秀長の名代として、紀伊水軍を率いて朝鮮に渡海しており、慶長二年（一五九七）の再戦においても、伊予水軍を指揮して閑山《ハンサン》島沖の海戦を勝利に導いていた。

この高虎が、徳川家康と直接に面会したのも、天正十四年に上洛した家康のために、聚楽第の傍地に屋敷を造営したのが切っ掛けであった。以来、この二人は実の主従のように馬が合ったようだ。高虎は次の天下は家康殿、との確信を抱く。

関ヶ原の戦いでは、まっ先に東軍に参加。西軍荷担の大名の、切りくずしを担当した。

その功により、伊予国今治に二十万石を領する大名となる。

慶長十三年八月には、伊賀一国（現・三重県西部）十五万五百四十石と伊勢国安濃津《あのつ》（現・三重県津市）及び一志《いちし》郡に五万四百十石、加えて伊予領内・今治を中心に二万石、計

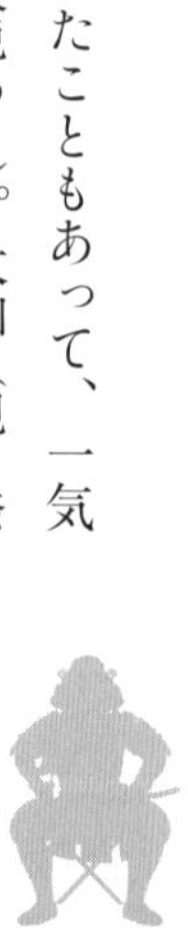

二十二万九百五十石を二代将軍秀忠より拝領、転封することとなる。

ときに家康は六十七歳、高虎も五十三歳となっていた（秀忠は三十歳）。

高虎はこれまでの修学に加え、きわめて難しい忍びの統率を見事に果たし、大坂の陣の前夜、大坂方の情報を収集しては、家康のもとへ頻繁に送りつづけた。

その後、さらに加増され、元和二年（一六一六）四月十七日、家康が七十五歳で他界し、将軍秀忠の親政となっても、高虎はその側にあって、諮問に答えつづけている。

寛永七年（一六三〇）十月五日、高虎はその七十五年の生涯を閉じた。

この間、東叡山寛永寺のかたわらに、東照宮並びに別当寒松院を建立。大坂の陣で戦死した家臣のため、京都南禅寺に三門（山門）を寄進したりもしている。

毀誉褒貶《きよほうへん》はあろうが、徒手空拳で出発し、仕事を通して自らを高め、累進し、ついには三十二万九千石の太守となった高虎の生き方は、多くの可能性を、現代人にも語り掛けてくれるように思われるのだが、読者諸氏はいかがであろうか。

豊家《ほうけ》存続を図った福島正則の判断ミスとは?!

戦国武将・福島正則《ふくしままさのり》の歴史的評価は芳《かんば》しくない。

曰《いわ》く、私情に目が眩《くら》み、豊臣家を滅ぼした愚将、猪武者、先の読めない男——云々。

慶長五年（一六〇〇）七月二十二日、正則は徳川家康の上杉景勝討伐命令に従い、下野《しもつけ》の小山《おやま》（現・栃木県小山市）に着陣した。

ところが翌日、家康からは討伐中止の命令が届く。

同月二十五日、後から着陣した家康によって緊急の軍議が開かれ、その冒頭、この機に乗じて石田三成たちが、家康討伐のため挙兵したことが伝えられた。家康につくべきか、それとも三成の許へ合流するべきか——諸侯の間に動揺が広がった。

家康について三成と戦うことは、豊臣家＝秀頼に弓を引くことになりはしまいか、諸侯の心情はこの一点について悲痛であった。加えて、妻子は人質として大坂にあった。

このときである。発言に立ったのが正則であった。

「この度の上方における三成らの挙兵は、秀頼公には関係のないもの。それがし、内府《だいふ》どの（徳川家康）に荷担つかまつる」

諸将の間にどよめきが起こった。

安堵《あんど》の声といってもよい。正則の戦歴は豊臣家中で最も古く、石高も二十四万石と高かった。この代表的な秀吉子飼《こがい》の武将が、そう口火を切ったのである。この発言によって家康は、征伐軍の諸将を味方につけ、関ヶ原に勝利し得たといってよい。

――ここで、正則の評価が二分する。

多くの史家は、正則の発言を事前に家康と打ち合せたもの――家康の意を汲んだ黒田長政（黒田官兵衛孝高《よしたか》の嫡子）が前夜、正則を訪ねて、三成憎しで凝り固まっている正則を焚《た》き付《つ》け、家康有利のシナリオに乗せた、と見た。

他方、委細承知のうえで、正則は己れの〝読み〟に基づき、積極的に発言したと解釈するものも、少数ながらいた。

後者をとる人はほとんどいない。が、筆者はその立場にたってきた。

二年前の慶長三年に秀吉が死ぬと、前田利家とともに豊臣政権を代表することになった家康は、己れの勢力拡大のため、政権中での誓紙《せいし》を無視して、有力大名に対しての婚姻政策を押し進めた。

対象者の一人であった正則は、これに応じて、自ら進んで家康の養女を己れの養嗣子の正之《まさゆき》に娶《めと》っている。

これに怒った豊臣政権の、残りの四大老と五奉行は、家康と正則らに抗議文をつきつけた。このとき正則は、家康公との縁組みは豊臣家、秀頼さまの将来を考えてのことだ、と弁明している（西野辰吉著『関ヶ原合戦記』）。

これはおそらく、正則の正直な告白であったかと思われる。

福島正則は永禄四年（一五六一）、尾張に生まれている（月日は不明）。秀吉の母の妹を自らの母に持ち、幼少の頃から秀吉の小姓《こしょう》として仕えた。

やがて、秀吉が柴田勝家《しばたかついえ》と戦った賤ヶ岳《しずがたけ》の合戦で、〝七本槍〟に加えられ（関連一七九ページ参照）、五千石取りとなり、正則の豊臣家に対する報恩《ほうおん》の念は、誰よりも厚かったであろう（このおり加藤清正は三千石）。

その正則があえて家康側についた一因は、母親がわりに己れの面倒をみてくれた秀吉の正室・北政所＝お禰《ね》が、家康を支持したことが大きかった。

秀吉が死んだ翌年に、大坂城を秀頼と淀殿に明け渡し、京都三本木の屋敷に隠棲《いんせい》した彼女は、

「これから頼むは、家康どのですよ」

と正則にいい、わが子同然の正則は頷《うなず》いた。否、頷かざるを得なかったのだ。

この頃、秀頼と淀殿を囲むように、〝近江閥〟（文治派）が大坂城を占拠していた。

もし、三成の五奉行体制が定着すれば、他方の正則ら〝尾張閥〟（武断派）は、政権から追われかねない情勢となっていた。なにしろ彼ら武断派には、次代のビジョンというものが見えていなかったのだから。

ただ家康を頼ることで道が開けるに違いない、といった〝勘〟だけが働いていた。

むしろ、己れらの抗争に勝ち残るために、家康を引き込んだ、とも考えられた。関ヶ原の合戦において、正則は東軍の先鋒として働き、戦後、いきなり安芸《あき》広島四十九万八千石に栄転となった。では、正則の〝読み〟は当たったのか、といえば、残念ながらはずれた、といわざるを得ない。

慶長八年二月、家康は征夷大将軍に任じられ、江戸に幕府を開いた。正則は豊臣家を、徳川幕府下の一大名として残そうと企てたようだが、慶長十九年から翌元和《げんな》元年(一六一五)にかけての大坂の役で、家康は正則を江戸に足止めし、豊臣家を滅ぼしてしまった。

家康がこの世を去ったのは、その翌年。元和五年には、福島家が改易となっている。正則は信濃《しなの》高井郡高井野(現・長野県上高井郡高山村)に四万五千石の捨て扶持を与えられ、蟄居《ちっきょ》させられて、その五年後の寛永《かんえい》元年(一六二四)に六十四歳で死去している。

正則は〝読み〟を誤ったが、同時進行で動く〝歴史〟を考えれば、あながちこの人物だけを責めることもできまい。

生涯無敗の立花宗茂は、いかに関ヶ原の敗戦から返り咲いたのか?!

戦国武将・立花宗茂《たちばなむねしげ》の勝率は十割、生涯無敗であった。

奇跡といってよい。

朝鮮出兵の、文禄の役――碧蹄館《へきていかん》の戦いでは、李如松《りじょしょう》率いる明・朝鮮連合軍十五万余に対して、三千の兵をもって日本軍の先陣を切り、考えられない大勝をあげていた。

同じ文禄の役――晋州《チンジュ》城の戦いでは十万と号する大軍（実数四万八千）を、自ら反撃の先鋒をつとめ、五百人近い犠牲《ぎせい》を出しつつも、明の大軍を見事に打ち破っている。

〝天下分け目〟の関ヶ原の戦いでも、西軍に属しながら宗茂は、自らが担当した東軍方の大津城（現・滋賀県大津市）は見事に開城に導いていた。

ところが、味方が東軍に関ヶ原で敗れてしまう。大坂城での再起を図ろうとした宗茂だったが、西軍の総大将の毛利輝元《てるもと》にやる気がない。

しかたなく、自らの柳河《やながわ》（現・福岡県柳川市）の領地十三万余石をもって、潔《いさぎよ》く大籠城戦を戦い、玉砕をしようとしたが、家康の宗茂助命発言を聞いて、一転、流浪の旅へ。

なんと宗茂はその後、二代将軍・徳川秀忠のもとで、再び大名に返り咲いていた。そうした例は、他にない。

かつて天下人となった豊臣秀吉は、居並ぶ大名たちを前に、宗茂のことを激賞した。

「その忠義、鎮西《ちんぜい》（九州）一《いち》。その剛勇、また鎮西一」

この時、宗茂はわずかに二十一歳であった。

怒濤のごとく北上して来る南九州の島津勢を、わずかな手勢で博多近郊に迎え撃ち、宗茂は秀吉の大軍が到着するまで、見事に持ち堪《こた》えている。

彼は、豊後の大友宗麟《そうりん》（義鎮《よししげ》）の重臣・高橋紹運《じょううん》（鎮種《しげたね》）を父にこの世に生を受けた。永禄十年（一五六七）のことである（異説あり）。

天正九年（一五八一）十月、十五歳のおりに、同じ大友家の戸次道雪《べっきどうせつ》（鑑連《あきつら》）に望まれ、その娘で絶世の美女・誾千代《ぎんちよ》を娶《めと》って養嗣子となった。

養父道雪は、大友家の名門「立花」姓の名乗りを許された武功の士で、生涯三十七度の合戦に、一度も負けたことがない、といわれた名将であった。一方、宗茂の実父紹運も、敵味方の心の中を掌《たなごころ》をさすように、読み取る名人として知られていた。

宗茂はこの稀代の〝二人の父〟から薫陶鍛錬《くんとうたんれん》を受け、育ったことになる。

十代半ばから、宗茂は養父について筑後《ちくご》（現・福岡県南部）各地を転戦。将来を大いに嘱望《しょくぼう》されたが、皮肉なことに、主家《しゅけ》の大友氏は天正六年の耳川《みみかわ》の合戦で、宿敵・薩摩《さつま》（現・鹿児島県西部）の島津氏と戦い、敗北を喫《きっ》して、その威望を失墜させてしまう。

宗茂も二人の父も、各々、筑後に出兵中で、この大会戦には参加していなかったが、三人はまさに、命運尽きんとする大友氏を懸命に支え、その後、七年間も北上してくる勇猛果敢な島津勢を向こうに回して、奮戦することとなる。

天正十三年九月に、道雪が病死。弱気になった主君宗麟は、翌年、大坂に馳せ上り、豊臣秀吉に臣下の礼をとって、自領の安泰をはかった。このおり秀吉は、高橋紹運と立花宗茂を、直参《じきさん》の大名に取り立てることを条件に、宗麟の申し出を受けている。

九州征伐の後、宗茂は秀吉から筑後国柳河に領地を与えられる大名となった。

その直後、肥後（現・熊本県）に一揆が起き、宗茂は一日に十三回の戦闘を行い連勝、敵の城砦を七ヵ所抜く武功をたてている。

天正十六年七月、彼は従五位下に叙せられ、「侍従《じじゅう》」に任ぜられた。

高まる宗茂の武名を、さらに天下に知らしめたのは、すでにみた天正二十年（一五九二）の〝文禄の役〟、つづく〝慶長の役〟であり、この無謀な外戦は、秀吉の死によってうやむやとなる。宗茂も、慶長三年（一五九八）十二月に日本へ帰国した。ときに三十二歳。

その武名は高く、関ヶ原のおりも事前に、徳川家康の陣営からは、

「勝利の暁《あかつき》には、五十万石を進呈いたす」

とまで、誘われていた。

しかし宗茂は、亡き秀吉への義理だてから西軍方についたのだが、結局は牢人生活へ。

降るごとく持ち込まれる仕官の話をことごとく蹴って、宗茂は京、江戸に流謫《るたく》の生活をおくっている。彼が目指したのは、徳川家への仕官、大名への返り咲きであった。

ほどなく、家康の後継者で二代将軍となっていた徳川秀忠に請《こ》われ、慶長九年に、五千石の幕府相伴衆《しょうばんしゅう》に取り立てられ、ついで奥州南郷（棚倉《たなくら》＝現・福島県東白川郡棚倉町）一万石へ。さらには元和七年（一六二一）には、ついに十万九千二百石余の柳河の領主に返り咲いている。三十四歳で柳河を去ってより、実に二十年目の帰国であった。

なぜ、宗茂は復帰できたのか。彼は己《おの》が出陣した戦いに、生涯敗北することがなかったのと同様に、いついかなる場合にも〝油断〟をしなかった。

宗茂はぶれることなく徳川家のみを見据えて、ついには直参同様の信頼を勝ちとり、その後、寛永十九年（一六四二）十一月二十五日まで生き、七十六歳で江戸に没している。

この奇跡の武将の真骨頂は、まさにこの大往生にあったといえそうだ。

徳川秀忠は誤解されつづける名君だった?!

関ヶ原の戦いに先立ち、西軍の主将・石田三成は、真田昌幸《さなだまさゆき》に対して、西軍勝利の暁《あかつき》には、甲信二国に上野《こうずけ》（現・群馬県）を加え、三ヵ国を昌幸の仕置に任せると約定した。

亡き武田信玄が大大名となる、そもそものスタートが甲信二国の併合であった。

三ヵ国併せれば、百十三万一千余石の大名である（甲斐国二十二万七千余石、信濃国四十万八千余石、上野国四十九万六千余石)。昌幸は得意の、信用手形の乱発を重ねながら、西軍が勝てば――と国人《こくじん》・土豪層を中心に、近隣勢力の、内部からの切り崩しにあたった。

しかも、攻めてくるのは徳川の正規軍三万八千である。相手にとって、不足はない。

この度の城方は三千である。真田家の主力は、嗣子信幸が率いて東軍側にいた。

かつて天正十三年(一五八五)閏《うるう》八月に、徳川勢が攻めてきたおりは、七千の軍勢を二千で破っている。あのおり残念であったのは、攻め手に徳川家康がいなかったことだ。

今度も、敵の大将は家康本人ではなかった。家康は別働隊三万を率いて東海道を、慶長五年(一六〇〇)九月一日に江戸を出発している。

中山道《なかせんどう》(東山道)を押してくるのは、その息子・秀忠であった。ときに、彼は二十二歳。のちの二代将軍であるが、筆者はこの人物ほど、歴史に誤解された将軍、後継者はいないのではないか、と常にくやしく、無念に思ってきた。

天正十一年(一五八三)の『徳川実紀《とくがわじっき》』には、この正月元旦に、三河・遠江・駿河・甲斐・信濃の五ヵ国の国人、土豪たちから、秀忠が父・家康とともに、浜松城(現・静岡県浜松市)で拝賀の礼を受けたことが述べられていた。

ついでながら、秀忠の生母・西郷局《さいごうのつぼね》は、遠江国西郷(現・静岡県掛川市)の土豪の娘=お愛《あい》の方で、家康の家臣・西郷義勝《よしかつ》に嫁いで一男一女を産むが、夫を戦場で失い、家康の側室となった女性である。温和で誠実な人柄が、正室の築山殿《つきやまどの》と不仲になった家康に気に入られ、寵愛を受け、秀忠と四男の忠吉《ただよし》（関ヶ原の戦傷がもとで、二十八歳で病没）を産んでいた。なお、築山殿は武田家との内通を疑われ、処刑されている。

のちに家康は、豊臣秀吉の妹・旭姫《あさひひめ》を継室《けいしつ》（正室のあとに入った正式な妻）とした。

お愛の方は天正十七年、若くして病死しており、十一歳で生母を失った秀忠は、もと今川家の家臣の妻であった「大姥局《おおうばのつぼね》」という、家康の謀臣・本多正信《ほんだまさのぶ》をもやり込めるほどの猛烈な乳母《うば》に育てられ、元服してからは、徳川家の武功派の代表たる大久保忠世《おおくぼただよ》が「補佐の臣」をつとめた。家康は秀忠の呑み込み具合を見ながら、徐々に江戸↓関東↓東日本↓全国と、秀忠に任せる統治の領域を広げている（対豊臣問題だけは、自ら手放さず）。

ここで重要なのは、そうした家康の配慮に反発することなく、秀忠が懸命に応え、しかも勤勉な答案を、書きつづけたところにあった。

たとえば、二代将軍となる秀忠の周りには、次代を担う優れた徳川家の家臣が集《つど》っていた。土井利勝《どいとしかつ》を筆頭に、彼ら取り巻きは、「大御所《おおごしょ》」と称して隠然《いんぜん》たる力を発揮する駿府の家康に反発して、政令を江戸城から発することを望み、なにかと駿府の家臣団と対立していた。もし、この争いを許せば、政令二途に生じる愚となってしまう。将軍秀忠は、自らの人気が下がることを承知で、自身の家臣団を抑え、父を立てつづけている。

ところが、この行為も秀忠の値打ち、評価を誤らせることにつながった。

いわく、弱気で消極的な二代目——これに加えて、正室・お江《ごう》（小督《おごう》とも）が六歳年上の妻であり、しかも彼女は三度目の結婚。出自は戦国武将・浅井長政《あざいながまさ》と織田信長の愛妹・お市の方の間に生まれていた。つまり、豊臣秀吉の愛妾《あいしょう》・淀殿の妹とあり、秀忠が頭のあがらなかったことも、世間の野次馬《やじうま》には「ほれみたことか」と幸いしたように思われる。

余談ながら、秀忠は妻のお江に気がねして、側室をもたなかったという話が一般に伝えられ、心配した家康が、駿府に二ヵ月余滞在した秀忠の許へ、夜伽《よとぎ》の女性を送ったものの、何もしないでそのまま帰したとの挿話《エピソード》が、人口《じんこう》に膾炙《かいしゃ》している。

これは『徳川実紀』にもある挿話で、菓子をもってやってきた美女に、秀忠は裃《かみしも》をつけて威儀を正して会い、そのまま手もふれずに、家康のもとへ帰したという。

報告を聞いた家康は、

「あきれたものだ。わしなどは梯子《はしご》を掛けても、将軍家（秀忠）の生真面目さにはとても及ばない」

と苦笑したという。

秀忠の謹厳実直のイメージを広めた話だが、これは史実とはいえなかった。

たてつづけに三人の娘を産んだお江に対して、二歳で夭折《ようせつ》した最初の男子・長丸の母は

「家女《かじょ》」と記録されている。また、慶長九年（一六〇四）にお江が、のちの三代将軍となる家光、同十一年に忠長《ただなが》を産んだのち、同年に生まれた男子＝のちの〝名宰相〟保科正之《ほしなまさゆき》の母は、「お静《しず》の方」と記録にあった。

ついでながら、お江は和子《かずこ》（のち和子《まさこ》と読みを変える）を慶長十二年に産んでいる。のちに後水尾《ごみずのお》天皇（第百八代）の女御《にょうご》として入内《じゅだい》した、東福門院《とうふくもんいん》である（生母には別説あり）。

話は前後するが、慶長三年八月に秀吉が亡くなったおり、諸大名へ十一ヵ条からなる「覚《おぼえ》」が示された。興味深いのは第一条は家康宛、第二条は前田利家宛であったが、なんと第三条は秀忠に宛てたものであった（第四条は利家の後継者・前田利長《としなが》宛）。

秀忠は家康が〝帝王学〟を授けた最愛の息子であり、この父子は実に仲が良かった。

関ヶ原の戦いのおり、真田昌幸に嵌《は》められて、秀忠が決戦に遅参した、というのは明らかにおかしい。危機分散《リスクヘッジ》が抜けている。万一、一戦で東軍が大敗した場合、あるいは東海道筋の東軍荷担の大名が寝返った場合、家康は東海道を伝って関東へは戻れない。関ヶ原と関東をつなぐもう一つの街道＝中山道の真中に、あえて徳川正規軍は止《とど》まっていたのではないのか。

もう一戦が必要なら第二次関ヶ原の戦いへ、完敗ならば家康を守って関東へ帰還する――そういう事前の打ち合わせが、成されていてしかるべきであったろう。

第一、関ヶ原の決戦を家康が決断したのは、その前日である。

何月何日を期して関ヶ原で、などという父子の約束は、そもそもなかったのである。創業者の家康と競うことなく、この偉大な先人を立てつづけ、自らは交代要員《リリーフ》として黒子に徹し、わが子・家光（三代将軍）の世が磐石となるようにと、徳川一門でも容赦なく弟の松平忠輝《ただてる》や、甥で娘婿の松平忠直を配流《はいる》とし、安芸広島の福島正則ら外様大名をはじめ、四十家前後の大名を改易にするなど、幕藩体制の基礎固めをした秀忠は、寛永九年（一六三二）正月二十四日、江戸城にてこの世を去っている。享年は五十四であった。

理想とすべき二代目、後継者に思われるのだが、読者諸氏はいかがであろうか。

第三章◎戦国武将の知られざる実像

［武将編］

〝剣聖〟上泉伊勢守信綱、誕生秘話とは?!

一人の武将が、日本の武術を一変させた。名を上泉伊勢守信綱《かみいずみいせのかみのぶつな》という。それまで猛々しいだけで、緻密さに欠けていた兵法《へいほう》、とりわけ剣術は、彼の出現で大転換を遂げる。

伊勢守信綱がこの世に生を受けたのは、一説に永正五年（一五〇八）の正月。父の名を上泉武蔵守義綱《よしつな》といい、上野国《こうずけ》（現・群馬県）の豪族、大胡《おおご》氏の支族として知られていた。

義綱は明応九年（一五〇〇）、鹿島新当流《かしましんとう》から分かれ、鹿島神流《かしましん》を開いた松本備前守政信《まつもとびぜんのかみまさのぶ》のもとに入門。政信は天真正伝香取神道流《てんしんしょうでんかとりしんとう》（以下、香取神道流）の飯篠長威斎《いいざさちょういさい》の門人でもあった。三年の修行を終え、義綱は従五位下武蔵守に叙任される。

信綱は父による家伝の流儀に加え、鹿島・香取の〝関東七流派〟を新たに修行。大永四年（一五二四）、十七歳にして香取神道流の奥儀を授けられている。信綱が従五位下伊勢守となったのは、享禄元年（一五二八）の二十一歳のときであった。

この頃の兵法修行は、一般に武芸十八般をあまねく修めることを目的としていた。なかでも、築城術・軍学に重きが置かれており、剣術のイメージよりは、たとえば中国の軍略の印象に近かったといえそうだ。信綱も己れの修めた兵法をもって、幾千万の将士を指揮し、勝利を千里の外に決する、大将となることを本懐と考えていた。

兵法の定義が、剣槍の術に狭く解釈されたのは、江戸時代に入ってからのことである。二十四歳で陰流の奥儀を愛洲移香斎《あいすいこうさい》から得て、陰流の伝書、太刀一腰及び占術書、薬方などの一切を相伝。そして天文二年（一五三三）の頃には〝信綱韜《しない》〟（袋竹刀）を考案し、数年後、ついに彼は一流を興した。また、天文九年には、小笠原氏隆《おがさわらうじたか》について軍法・軍配の修行を終え、相伝を得ている。信綱は天文中期に、最初の上洛を果たしてもいた。

信綱が上泉家の当主として、戦国の世に直面するのは、父・義綱が他界してからのことであった。天文二十一年、北条氏政《ほうじょううじまさ》が関東管領・上杉憲政《のりまさ》を上州平井城（現・群馬県藤岡市）に攻め、憲政が越後（現・新潟県）に逃亡して、長尾景虎《ながおかげとら》（のち上杉謙信）に援けを求めたことから、信綱ら上野国の将士たちは、隣接する信濃（現・長野県）を併合した甲斐（現・山梨県）の武田信玄と対峙することになる。

信玄はこれまでも、信綱が盟主と仰ぐ長野業正《なりまさ》（業政とも）の箕輪城《みのわじょう》や上泉城（現・群馬県上泉町）を攻めてきたが、上州の強者《つわもの》たちが結束し、容易に城砦を抜くことができなかった。

ところが名将・長野業正が、永禄四年（一五六一）に病没。嫡子業盛《なりもり》は奮闘したものの、結局、友軍をまとめ切れずに箕輪城は落城。業盛は自刃し、長野一族は断罪となった。

一説に、信綱の兵法を惜しんだ信玄がこのおり、武田家への仕官をもちかけたものの、諸国兵法修行を理由に、信綱はこれを固辞、領地を捨てた。しかたなく信玄は、自らの諱《いみな》「晴信」の一字を与えて、このおり改名させたともいう（信綱の前名は秀綱といった）。

信綱の兵法に、大きな変化がもたらされたのは、まさにこのときであった。

己れの軍略・兵法を、彼は剣術の実技レベルに限定するようになる。

記録によれば、神後伊豆《じんごいず》、疋田豊五郎《ひきたぶんごろう》などの門人を連れ、上野国をあとにした信綱は、

「伊勢国司へ参り、此の辺に然《しか》るべき兵法の達人御座候《ござそうら》はば、兵法の仕合仕《つかまつ》り度由望《たきよしのぞみ》申候」（「柳生兵庫兵法覚《やぎゅうひょうごへいほうおぼえ》」）

と、伊勢の国司・北畠具教《とものり》を訪問している。

この具教は、塚原卜伝《ぼくでん》から「一の太刀」を伝授された人物。卜伝と関わりをもつ松本備前守に学んだ信綱とは、おそらくそれ以前から交際があったに違いない。

次いで、具教の紹介により、大和（現・奈良県）宝蔵院《ほうぞういん》を経て、柳生の庄（現・奈良市柳生町）へ。畿内随一の遣い手として知られていた柳生石舟斎宗厳《せきしゅうさいむねよし》と立ち合い、信綱は格段の強さを発揮。敗れた宗厳の願いを容《い》れて、彼を己《おの》が門人に加えた。

信綱はその後、門人の疋田を大和に残して、自らは上洛している。

永禄八年三月十日、十三代将軍・足利義輝の前で、門人・丸目蔵人佐長恵《まるめくらんどのすけながよし》と兵法を台覧、感状をもらっている。

そして、この年の内に宗厳と宝蔵院胤栄《いんえい》に、新陰流の印可状を与えた。

宗厳への新陰流目録は永禄九年で、丸目蔵人佐への印可状授与は、その翌年であった。元亀元年（一五七〇）、信綱は兵法者としては最高の従四位下に叙せられ、また、兵法を門人ともども正親町天皇の天覧に供し、さらには、十五代将軍・足利義昭にも――。

〝剣一筋〟の方針を転換して以降の、信綱の半生は、思い通りのものとなったといえそうだ。信綱の晩年は明らかにされていないが、天正元年（一五七三）、あるいは同五年に、柳生の庄で没したとも、天正十年、小田原にて七十五歳で死去したともいわれている。

信長も認めた松永久秀〝極悪人〟の所業とは?!

後世、〝下剋上の三極悪人〟の、筆頭に挙げられたのが松永弾正少弼久秀《まつながだんじょうしょうひつひさひで》であった。

あるとき久秀が、従属していた織田信長に拝謁していると、そこへ徳川家康が挨拶にやって来た。すると信長は家康へ、久秀を指さしていったものだ。

「三河どの、この老人が松永弾正でござるよ。心の許せぬ奴《やつ》じゃが、この男、他人のまねのできぬことを三つまでやってのけた。一つは、主家の三好家を滅亡させたこと。二つは、十三代将軍・足利義輝《よしてる》を弑逆《しいぎゃく》したこと。三つには、奈良の大仏殿を焼き払ったこと。普通の者には、この一つでもできまいに、三つともやってのけたのがこの老人でござるよ」

さしもの久秀も、赤面して顔を伏せたという（江戸中期に成立した『常山紀談《じょうざんきだん》』）。

天文九年（一五四〇）のものとみられる、三好長慶《ながよし》（当時は利長《としなが》）が寺院に田を寄進する旨を記した文書に、「松永弾正忠」と署名があった。

彼はこの頃までには、歴史の舞台に登場していたようだった。

当時、畿内を制圧していた三好家の、最有力家臣として久秀は、京都、堺を束ねる役割を担って現れ、永禄三年（一五六〇）には大和一国（現・奈良県）を独力で平定。河内境の信貴山《しんぎさん》（現・奈良県生駒《いこま》郡平群《へぐり》町）に城郭を築き、ほどなく奈良北郊の多聞山《たもんやま》城へ移ったが、この多聞山城は近世城郭建築の先駆け、との栄誉を担った。

久秀は三都市を手中にし、主君・三好長慶が死去するや、三好家の実権を握る。

彼は主家の三好を継いだ義継《よしつぐ》を圧迫して、京都から追い落とし、英邁《えいまい》ゆえに邪魔者の将軍義輝を三好三人衆に襲わせ、この天下人を亡き者にした。以後、京畿は久秀の天下となったが、先の見えるこの男は、信長が十五代将軍候補の足利義昭《よしあき》を奉じて入京する直前、芥川山《あくたがわさん》城（現・大阪府高槻市）で信長に会談、その幕下に入った。

将軍義輝の弟・義昭が、十五代将軍となるや、彼は久秀を殺すよう、信長に求めた。

このとき信長は、臣下の礼をとった久秀を自らが盾となって守っている。

「この男は、天下平定に必要なのです」

と。これほどの温情をかけられれば、人間、それまでに悪行を重ねていればいるほど、普通は改心して、主《あるじ》のために発奮するものだ。織田家の筆頭家老をつとめた柴田勝家《かついえ》も、一度は敵として信長と戦い、敗れて許されて以降、生命懸《いのちが》けで信長に仕えている。

久秀は信長の〝信〟に応えるべく、畿内の反織田勢力を駆逐。信長によって、大和国の守護に任された。

ところが元亀二年（一五七二）五月、甲斐の武田信玄が上洛戦を敢行すると、久秀はこれまでの信長への忠誠を、信玄上洛後の己れの利益と天秤に掛けてしまう。

信長からの実入《みい》りは、ここまで――。

信玄が来れば、織田軍対武田軍の戦いの中で、漁夫の利を得られ、己れの領土は増えるはず。久秀は得意の計算をした。そして突然、信長に叛旗を翻《ひるがえ》す挙に出る。

だが、期待した信玄は途中でこの世を去り、久秀は圧倒的な織田軍の中で孤立・包囲された。しかし、心臓の強い久秀は、まだ信長は自分を必要としている、と算盤《そろばん》を弾き、いけしゃあしゃあと降参して出る。

首を斬られるか、と思われた久秀は信長に許され、多少の罰則《ペナルティー》は課せられたものの、どうにか首はつながった。が、それで改心するような久秀ではない。今度は、上杉謙信の上洛が噂された。天正五年（一五七七）十月のことである。

「今度こそ――」

と、久秀は再び謀叛の挙に出た。

信貴山《しぎさん》城に立篭り、ひたすら謙信が畿内に入るのを待った。

だが、謙信は出陣の直前に脳溢血で倒れ、この世を去ってしまう。

裏切りが、あまりにもつづきすぎた。さしもの信長も、今度は許してはくれない。

「もはや、これまで――」

信長は本心からか、秘蔵の「平蜘蛛《ひらぐも》」の茶釜を渡せば、生命《いのち》は助けてやる、と久秀に申し伝えた。だが、久秀にも意地があったようだ。彼は「平蜘蛛」に火薬を詰め、己れとともに吹き飛ばしてしまったという。初出は『川角《かわすみ》太閤記』の「頸《くび》は鉄砲の薬にてやきわり」であろう。『信長公記』では、「天主に火を懸け焼死」とあるだけ。

いずれにせよ、久秀が自焼した日は奇しくも――天正五年（一五七七）十月十日――十年前、合戦の必要から大仏殿を焼き払う結果となった、同日同時刻であったと人々は思い込み、久秀に仏罰が当《あた》った、といい合ったという。

爆死は後世の付会かもしれないが、この奸雄の、剛愎《ごうふく》で壮烈な最期にはふさわしい。享年六十八。

それにしても、久秀にはほかに選択の余地はなかったのだろうか。

〝賤ヶ岳七本槍〟から見える豊臣政権の舞台裏

戦国時代に「槍一筋の功名」という、勢いのよいいい方が流行した。

文字通り、素槍一振りをもって武功をあげ、ついには一国一城の主になった、との語意だが、どういうわけか、この裸一貫からスタートして、大名となり得た者たちは、その後継者、二代目に人を得られず、生命《いのち》懸けで築いた身代を失うケースが多かった。

たとえば、天正十一年（一五八三）四月の賤《しず》ヶ岳《たけ》の合戦――羽柴（のち豊臣）秀吉対柴田勝家の、織田家相続を賭けた戦い――のおり、〝七本槍〟に数えられた武功の将たちは、福島正則《ふくしままさのり》・脇坂安治《わきざかやすはる》・加藤嘉明《かとうよしあき》・加藤清正《きよまさ》・平野長泰《ひらのながやす》・片桐且元《かたぎりかつもと》・糟谷《かすや》助《すけ》右衛《え》門尉《もんのじょう》武則《たけのり》・桜井《さくらい》左吉《さきち》・石河《いしこ》（石川《いしかわ》）兵助《へいすけ》一光《かずみつ》。実は七名ではなく、以上の九名であった。

しかしこのうち、子や孫で名を成した人物は、ついぞ出なかった。

それればかりではない。徳川の世になって、大名家として残り得なかった平野長泰、糟谷助右衛門尉、桜井左吉、石河兵助の四人を除いても、残りの人々の、家の末路はどういうわけか、悲劇的としかいいようがなかった。〝七本槍〟の中で、徳川の世を生き抜いたのは、伊予・大洲《おおず》五万三千石を領した脇坂（安治）家のみではなかったろうか。

――実はこの〝七本槍〟、そもそも秀吉の〝事情〟によって創られたものであった。

織田家の内部競争を勝ち抜き、最大の競合相手であった柴田勝家を、賤ヶ岳、そして北《きた》ノ庄《しょう》に攻め滅ぼした秀吉は、勝家の配下にあった「組下大名」の前田利家や佐々成政《さっさなりまさ》、金《かな》森長近《もりながちか》、徳山則秀《とくやまのりひで》らを吸収。どうにか彼らに、臣下の礼をとらせることに成功した。

その一方で秀吉は、野伏《のぶせり》あがりの腹心・蜂須賀小六正勝《はちすかころくまさかつ》や、僧兵あがりの宮部善祥房継《みやべぜんしょうぼうけい》潤《じゅん》、奈良興福寺の僧兵であった筒井順慶《つついじゅんけい》、出自も定かならぬ仙石権兵衛秀久《せんごくごんべえひでひさ》などを大抜擢。小姓の中から次代を担う将校を育て、直参藩屏《じきさんはんぺい》としていった。〝賤ヶ岳七本槍〟と呼ばれる栄誉も、秀吉が得手の人心収攬、宣伝の妙をもって演出したものであったといえる。

それにしても、行儀が悪いといって、豊臣政権の政庁は日本史上最悪であったろう。

城内に詰めている大名は放埓《ほうらつ》に胡座《あぐら》をかき、ある者は寝そべり、昼間から大酒をくらって、わずかな感情のゆき違いで、唾を飛ばしての口論が、やがて組み討ちとなった。

喧嘩でなくとも、殿中や庭で相撲に興じる者、庭先で小用を足す者など、まるで海賊か山賊の巣窟といったありさま。

――あるとき、豊臣恩顧の大名が集まって侃々諤々《かんかんがくがく》、議論に花を咲かせていた。

それを一瞥《いちべつ》した秀吉は、後刻、

「さきほど、連中が口やかましく何ごとかを論じ合っていたようだが、いったい何をどなり合っていたのか」

とかたわらの者に訊ねた。するとその者は、やや気色ばんだ面持ちで答えたという。

「ご存知なかったのでございますか。彼らは次の天下は誰のものになるか、いい競っていたのです」――一事が万事、こうした調子であったらしい。

「情けないことじゃ……」

秀吉は心底、嘆いていた。

秀吉のまわりに集《つど》っているのは、いずれも天上天下唯我独尊の個性派ばかり。下剋上の風潮に便乗し、槍一筋で大名となった者ども――彼らは皆、いまだ乱世の余韻を求めて、咆哮《ほうこう》していたのであった。どうすれば秩序をしっかりと打ち立てられるのか、秀吉は懸命に考え、ようやくその方法に気付いた。

「わしを尊敬させるためには、権威付けをすればよい」

秀吉が己れの家臣団を演出するために創出した〝七本槍〟には、実際は前があった。〝小豆坂《あずきざか》七本槍〟――それは亡き主君・織田信長の父であった信秀が、後継者の信長に偉大な置き土産を残した一戦、小豆坂の戦いで誕生していた。

天文十一年（一五四二）八月、信秀は三河小豆坂（現・愛知県岡崎市）で今川義元の軍勢

と戦い、見事に勝利したという実績がある。この年、信長は九歳であった。

この〝小豆坂七本槍〟は、信長の心の支えとなり、ついには大敵義元を桶狭間に敗死させるという〝奇跡〟を生み出した。秀吉はこれを、マネたのである。

さらに天下人となった彼は、己れを飾るべく、さまざまな権威付けを行った。

朝廷に願い出ると、天正十三年（一五八五）七月十一日、まずは亡君の信長さえも就任することのなかった「関白」にのぼった。その翌月には、御咄衆《おはなししゅう》の一人・大村由己《ゆうこ》に命じて、『関白任官記』（『天正記』収録）と題する本を書かせている。


大政所（秀吉の母）殿、幼年にして上洛有り、禁中の傍に宮仕し給ふこと両三年、下国あり。程なく一子誕生す。今の殿下これなり。孩子《がいし》（幼児）より奇怪のこと多し。如何様王氏に非ずんば、争《いかで》か、この俊傑を得んや。


由己は相国寺《しょうこくじ》の仁如集尭《にんじょしゅうぎょう》に漢詩を学び、儒教の書にも造詣が深く、自作を素読で聞かせる〝物読み僧〟（漢籍の書物を講釈する僧侶）でもあったという。この書の中で秀吉は、己れが天皇のご落胤《らくいん》であるという虚構《フィクション》をでっちあげさせた。

さらには、この『関白任官記』をもとに謡曲までつくらせ、己れの権威付けを金春《こんぱる》太夫らに演能させて、これを諸大名に見物せしめている。

「筑前《ちくぜん》（秀吉の旧官名）らしい猿芝居よのォ」

人々は腹を抱えて、笑い転げるのをがまんした。

否、内心ではあまりの阿呆らしさに、冷笑していたに違いない。豊臣家に仕えた武将たちは、秀吉がいかなる出生か、わざわざ聞かされずともよく知っていた。

源氏を名乗りたくて、室町幕府の十五代将軍・足利義昭に、「養子にして下され」と泣きつかんばかりに懇願し、すげなく断わられた話も耳にしている。それでも秀吉は止《や》めなかった。大名たちの嘲笑にもへこたれず、一途に皇落胤説を吹聴した（『戴恩記《たいおんき》』）。

滑稽も程度を越すと、悲愴感を漂わせるもののようだ。

秀吉は死ぬまで、この皇落胤説を喧伝《けんでん》しつづけた。あまりの執拗さに一部では、もしかすると……と、妙な気になった者が出、秀吉の父にあたる帝は誰か、と詮索して、

「正親町《おおぎまち》天皇ではあるまいか」

具体的な名を挙げた話も伝えられている。

一笑に付してしかるべき代物《しろもの》だが、仮に、豊臣政権が徳川氏のように十五代を数えてつづいていれば、あるいは、秀吉の実父は正親町帝であったとする、御用学者の曲学阿世《きょくがくあせい》（世間や権力に迎合する学説をのべる）がまかりとおることになったかもしれない。

後藤又兵衛はなぜ、大坂城に入城したのか?!

「黒田家にこの人あり」

といわれた武将に、官兵衛こと黒田孝高《よしたか》（号して如水《じょすい》）の代から仕えていた、後藤又兵衛がいた。

その彼が官兵衛の後継者である主君長政を見限ったのは、嫡子太郎助（法号は一意《いちい》とも伝わるが不詳）を追放されたからとか、庶子の左門《さもん》（基則《もとのり》）に猿楽（こっけいな物まねや言葉による芸）の小鼓を打たせたことを憤った、など諸説ある、要は子供が原因ではあったものの、心底では常々の不平・不満が爆発したことは間違いなさそうだ。

その後、又兵衛は池田輝政の客分扱いで仕えたが、主君長政に「奉公構《ほうこうかまえ》」（仕官させれば合戦に及ぶ、との宣戦布告・第二章の蒲生氏郷の項参照）を発せられたため、池田家を放逐《ほうちく》されて牢人となった。

福島正則に召し抱えられそうになった話もあったが、重臣・福島丹波が又兵衛との交渉に赴いたものの、丹波たち譜代の重臣たちより以上の高禄を又兵衛が望んだので、この話は不調に終わったという。

破談となっての別れ際、丹波がふと思い出し、関ヶ原の戦いのおりのことをもち出した。

「それがしが、西軍の宇喜多秀家を襲って手柄を立てたのを、まるで貴殿の指図によってのもの、とする噂が広まった。あれは、貴殿自身がいい出されたのか」

戦国の武士は、己れの功名にはうるさかった。

こじれれば、斬り合いとなることも珍しくはない。又兵衛は丹波に笑って、答えた。

「貴殿もそれがしも、世間に勇名を知られた者同士。それがしが貴殿の指図を受けることも、貴殿がそれがしの指図を受けることも、あろうはずはござるまい」

去っていく又兵衛を見送りながら、丹波はしみじみという。

「あの者がそれがしより高禄を望むのは、もっともなことだった」

又兵衛はまさしく、侍大将の器であった。

くどくどと自己弁護などせず、短く、なるほどと相手に思わせる一言を口にした。

大坂冬の陣において、一万の兵を預けられた又兵衛は、今福の戦いで腕に銃弾を受ける。

その次の瞬間、この男は、

「たいしたことはない、大坂城の運はまだ強いぞ」

といい放った。瞬間、その場の雰囲気が一変した。見事というほかはない。

「奉公構」を喰った流浪生活のなかで、武辺者、豪傑にふさわしい死に場所を求めていた又兵衛は、わが子を黒田家が捕え、それを豊臣秀頼が聞きつけて、

「大坂に住むものは、わが民である」

と黒田家に掛け合い、その子を保護したことに恩を感じて、大坂へ入城したともいう。

だが、又兵衛のみならず、「奉公構」をやられた一癖も二癖もある、それでいて一騎当千の実力を持つ武辺者は、皮肉にも秀吉の天下統一により、戦《いくさ》がなくなったことから、主家を追われ、自分たちの生きる場所＝戦場を失ってしまっていた。

逆のケースについては、蒲生氏郷の項でふれた。秀吉に奥州移封を懇願された氏郷は、その条件に「奉公構」の者たちの出仕、雇い入れの許可を求めている。

秀吉がしぶしぶ了承したのは、氏郷に託した使命が徳川家康、伊達政宗、上杉景勝の三梟雄《きょうゆう》（性格の悪い英雄）の抑え込みにあったからだ。

氏郷が存命中、この使命は「奉公構」を喰った蒲生家の家臣により、見事に果されている。彼らの大半は、氏郷の病死（享年四十）ののち、必要に迫られていた石田三成のもとに仕え、そのほとんどが関ヶ原で討ち死にを遂げていた。

後藤又兵衛も死に場所を求めていたのだろう、彼は大坂夏の陣において、道明寺《どうみょうじ》の戦いで壮絶な最期を遂げている。享年は五十六であった。

上田重安はなぜ、〝一番槍〟から風流人に転身したのか?!

前述のごとく、戦国時代、槍一筋の武辺《ぶへん》で、〝一国一城の主人《あるじ》〟を目指した武将は決して少なくなかった。

だが、槍は槍でも〝一番槍〟にのみこだわり、つねに戦場では〝先登《せんとう》〟（一番乗り）を目指しつづけたあげく、大名、家老にまでなった武将となると、筆者はさすがに上田重安《しげやす》しか思い浮かばない。

彼は、永禄六年（一五六三）、尾張国星崎《ほしざき》（現・愛知県名古屋市南区）に、織田信長の重臣・丹羽長秀《にわながひで》の家臣（陪臣《ばいしん》）の子として生まれていた。十歳のときに父が没し、重安は祖父の重氏《しげうじ》に養育される。十四歳の時、「十六歳だ」と年齢を偽《いつわ》って初陣。織田家を裏切った荒木村重《むらしげ》の有岡城《ありおか》（現・兵庫県伊丹市）攻めに、参戦したという。

信長が本能寺の変に横死《おうし》したおり、重安は大坂にあって、織田家の四国方面軍副司令官（司令官《トップ》は信長の三男・信孝《のぶたか》であり、事実上は司令官）の丹羽長秀とともに、渡海の準備に追われていた。

「上様が本能寺にて、無念の最期を遂げられました——」

一報が伝えられるや重安は、長秀に命ぜられ、叛将・明智光秀との内通が疑われた光秀の娘婿＝津田信澄《つだのぶずみ》（信長の弟・信勝《のぶかつ》〈信行《のぶゆき》〉の子）を、一騎で討ち取りに出向いている。

まっさきに駆けて大坂の千貫櫓《せんがんやぐら》に到達し、見事に〝一番乗り〟を果たした重安だったが、彼は手柄を独り占めにするため、なんと自らが開いた門を、乗り込むや自ら閉じ、味方をなかに入れないようにして、たった一人で敵の群がる中へ突入していった。

その後、主人長秀が羽柴（のち豊臣）秀吉と連合して、柴田勝家と対峙、賤ヶ岳の戦いが起きたおりも、これに従軍。長秀が越前（現・福井県中北部）一国と加賀（現・石川県南部）二郡を加増されたのに応じて、重安は破格の一万石を越前に給された。

つまり彼は、二十一歳にして大名となったわけだ。

ところが、長秀が病没する（享年五十一）。丹羽家の身代百二十三万石は、事実上の天下人となった秀吉の意図で、一気に萎んでしまう（長秀の嗣子長重は、加賀松任《まつとう》〈現・石川県白山市〉に四万石となった）。

一方で秀吉の直臣となった重安は、秀吉に気に入られ、正室・北政所《きたのまんどころ》の実弟である杉原《すぎはら》家次《いえつぐ》（のち木下）の娘と結婚。豊臣一族として遇される身となった。文禄三年（一五九四）になると、重安は従五位下主水司《しゅすいし》に叙され、「豊臣」姓も許されている。

けれども、やがて秀吉は老衰してこの世を去ってしまう（享年六十二）。

関ヶ原の戦いでは徳川家康の東軍に与したものの、重安は個人的に兵を動かした、との誹《そしり》を味方に受け、戦後になって領地を没収されてしまう。

彼はどうしたか。頭を丸め、「宗箇《そうこ》」と号して、人生を開き直る。

その後、重安は阿波徳島藩十八万石の蜂須賀家政《はちすかいえまさ》（正勝の息子）のもとに招かれ、慶長七年（一六〇二）まで徳島で生活したという。

意外なことのようだが、「宗箇」には武辺者とはまったく別の、芸術家の顔があった。その威望《いぼう》はあるいは〝一番槍〟より、著名であったかもしれない。

たとえばこの時期、彼は徳島城内に、千秋閣《せんしゅうかく》庭園と呼ばれていた表御殿《おもてごてん》庭園を築いていた。「宗箇」は秀吉に茶の湯の手ほどきを受け、本格的に千利休に学んでいる。

利休の死後は古田織部《ふるたおりべ》（利休七哲の一人）について学び直し、京都大徳寺第百十一世の春屋宗園《しゅんおくそうえん》から、前述の「宗箇」＝法諱《ほうい》を授かっていた。

作庭も、芸術家の彼の守備範囲であった、といえる。

その後、紀州和歌山城主（三十七万石）となっていた浅野幸長《あさのよしなが》（長政の嫡子）の客将に招かれた。かつて豊臣一族に加えられたことが、徳川の世となっても、「宗箇」に幸いしたようだ。

――ここでも彼は、和歌山城の西の丸庭園、粉河寺《こかわでら》の庭園を造っている。

芸術家としての才能は、庭だけではなかった。この一本気な武人は、茶人としても忙中に閑で、わずかばかりの暇をみつけては研鑽を積み、ついには独自の境遇を開き、「上田《うえだ》宗箇流《そうこりゅう》」を自ら称するまでとなる。慶長十九年、大坂冬の陣が勃発した。

つづく夏の陣において、重安は思い出したかのように、得意の独断専行を行う。

「軍功に逸《はや》る塙《ばん》団右衛門たちは、後続の味方を待たず、長駆してくるに違いない」

そう見越した重安は、前衛だけで少数孤軍と化している大坂方の塙の軍勢へ、一目散に突っかかって〝一番槍〟の軍功をあげている。

その後、浅野長晟《ながあきら》（長政の子）が家康の娘・振姫《ふりひめ》と婚礼し、福島正則が改易されるに及び、浅野家は正則の芸州広島へ。さらには安芸国に備後（現・広島県東部）半国を併せて、四十二万六千石の大身となった。

これにつきしたがった重安は、安芸国佐西《ささい》郡小方《おがた》（現・広島県大竹《おおたけ》市小方）において一万二千石を賜り、家老となって、大名にも復帰している。

重安は五千石の加増も受け、慶安三年（一六五〇）に八十八歳でその生涯を閉じたが、よくぞ〝一番槍〟のみを心掛け、ここまで生存《いきなが》えたものだ。脱帽である。

第四章◎軍師・僧・忍者……
戦国を陰で操った人たち

常に〝第三の道〟を切り開いた智将・細川藤孝!!

足利義昭を将軍候補に担ぐ

戦国乱世を生き抜いたばかりか、五つもの政権——室町幕府十三代将軍・足利義輝《よしてる》、同十五代将軍・足利義昭《よしあき》、織田信長、豊臣秀吉、徳川家康に仕え、しかも政権交替の都度、発議権《イニシアチブ》をとりつづけ、仕えた誰からも尊敬の念を持たれた、天下人の軍師、稀有《けう》な人物に細川藤孝《ほそかわふじたか》（号して幽斎《ゆうさい》）がいる。

藤孝は、すでに終幕が近づきつつあった日本の中世の、天文三年（一五三四）四月二十二日、京都は東山の麓、岡崎の里（現・京都市左京区）に生まれていた。信長と同年の、生まれであった。幼名を万吉という。

父は室町幕府三代将軍・足利義満《よしみつ》から分流した和泉国（現・大阪府南西部）の松崎城主で、幕臣・三淵《みつぶち》家の当主でもあった大和守晴員《はるかず》である（藤孝は次男で、上に藤英《ふじひで》がいた・のち近江坂本城で死去している）。

一説に藤孝は、十二代将軍・足利義晴《よしはる》の実子ともいわれるが、定かではない。幼少期を母の実家・少納言清原宣賢《きよはらのぶかた》のもとで養われたことが、この人物の、ひいては藤孝以降の細川家一族の、命運を決定づけたといえなくもなかった。

清原家は学問を司《つかさど》る家柄（明経博士《みょうぎょうはかせ》）として知られ、藤孝の祖父宣賢《のぶかた》も「環翠軒《かんすいけん》」と号し、碩儒《せきじゅ》として世に知られていた。

藤孝はもの心のつく頃から、この著名な学者に、学問の手ほどきを受け、戦国の世に生まれながらも、時代を超越した教養人としての、第一歩をしるすことになる。

天文七年六月、五歳で将軍義晴に拝謁を許され、翌八年、六歳にして細川播磨守元常《もとつね》の養子となった。

もっとも、藤孝は生まれながらの武家である。十三歳で十三代将軍義藤、（後の義輝）の一字を賜り、名を与一郎藤孝と改める頃には、弓馬術、剣術を懸命に修行していた。

この時代、室町幕府は衰亡の一途をたどっており、その分、下剋上は深刻の度を増していた。将軍義輝もときの武家の、最高権威者とはいえ、生活は小大名のそれと変らず、その側近も数えるばかり。

そうした中で藤孝は、〝内次《ないじ》〟（取次）役を仰せつかり、常にこの二歳年少の将軍の側にあった。

『細川家記《ほそかわかき》』（正式名称は『綿考輯録《めんこうしゅうろく》』）によれば、藤孝の初陣は十四、五歳のときのようで、戦功の最初は十六歳。畿内の数々の小合戦に従軍し、十七歳の頃には一廉《ひとかど》の武人として戦場を駆けめぐり、身分相応の働きをしていたようだ。

そうした藤孝の身辺で、よもやと思われた一大事変が出来《しゅったい》した。

松永久秀《まつながひさひで》の陰謀、三好《みよし》一族らの実力行使によって、将軍義輝が弑逆《しいぎゃく》されたのである。これはあり得るべきことではなく、まさに〝下剋上〟を象徴する出来事であった。

このおり藤孝は、自領の勝龍寺《しょうりゅうじ》城（現・京都府長岡京市）に戻っていたため、幸運にも九死に一生を得たが、ここで彼にとっては人生最初の試練が待っていた。

これから京に入って、かなわぬまでも主君義輝のために弔《とむら》い合戦をおこない、名誉の討死を遂げるか。それとも生命《いのち》第一に、主君を見捨ててその分、生き恥をさらすか。

普通はこの二者択一しかないのだが、藤孝は冷静沈着に考え、判断して、ついには第三の方法――将軍義輝の弟で、奈良・興福寺の一乗院門跡《いちじょういんもんせき》で仏門にあった覚慶《かくけい》を、松永・三好勢の厳重な監視下から救い出し、還俗《げんぞく》させて将軍候補者に擁立する道を思いつく。

これが十五代となる、義秋《よしあき》（のち義昭）である。

もっとも、義昭を担いだ藤孝の前途は、きわめて多難が予想された。なにしろ、実兵力は皆無で、将軍の権威は皆目、天下に通用しなくなっていたのであるから。

打ちつづく試練

主君義秋とともに流浪を重ね、越前（現・福井県中北部）・朝倉義景《あさくらよしかげ》のもとから、永禄十一年（一五六八）七月、尾張（現・愛知県西部）の織田信長を頼るなかで、藤孝の心底には、大きな変化が兆していた。

「もはや天下を再び、室町幕府の世に戻すことはかなうまい」

実力者の庇護のもと、将軍としての権威だけは保ちたい、と。

ところが、信長の力で十五代将軍となった足利義昭は、流動する時勢にきわめて疎《うと》かった。なまじ大名間の争いを調停したり、陰謀をめぐらしたりする才に長《た》けていただけに、かえって始末に悪かったともいえる。

藤孝は折にふれて将軍義昭を諫《いさ》めたが、ついには顧みられぬばかりか、むしろ遠ざけられるありさま――しかもその主君が、あろうことか信長打倒を企んだ。

藤孝は熟考する。幕臣として不本意ながらも将軍義昭に殉じるか、それとも信長に密告して、己れの生命《いのち》を全うするか。通常、対処法はこの二つしかない。

だが、前者はまず生命の保証がない。滅びるであろう。かといって後者を選択すれば、不忠者、裏切り者の誹《そし》りはまぬかれまい。

さて、どうするか。藤孝はここでも、第三の方策を考えついた。

すなわち、居城に引き籠ったのである。

そして蟄居《ちっきょ》に先だって、越前寄寓《きぐう》時代に知り合い、信長のもとでは軍司令官に出世し、自らの上司（寄親と寄子の関係）ともなっていた明智光秀に、ことの次第を秘《ひそか》に打ち明けたのであった。

当然、驚いた光秀は信長に注進に及ぶ。信長は将軍義昭の企てを知ることになる。

しかし、こうした藤孝の出処進退は、信長にとって、決して印象の悪いものではなかったろう。

なにしろ、藤孝が義昭を見捨てたという事実は、やがて諸国の大名に伝わり、将軍義昭生みの親ともいうべき忠臣藤孝の、義昭を捨てての信長への随身《ずいじん》は、次代の天下人は信長だ、との思いを、多くの人々に抱かせることにもつながった。

本能寺の変

藤孝は奇跡のような〝第三の道〟を新たに考え、答えを導き出し、世の人々に恨まれず、旧主義昭には憎しみを持たれたものの、信長には感謝され、周囲からは、

「さすがは細川どの――」

と敬慕されて、新たに織田家の人間として生き延びた。

――ここで、見落としてはならない点がある。

藤孝は単なる保身の人ではなく、陰徳（人知れず、ほどこす善行）を積む人でもあった。

その後のことである。

旧主義昭が信長に刃向かって挙兵したものの、ついには降参すると、藤孝は今度はその助命嘆願に奔走している。しかも藤孝は人知れず、僧籍に入れた義昭の嫡子・義尋《ぎじん》をも後見し、のちに興福寺大乗院の法嗣《ほうし》とも成していた。

なかなか、ここまでできる人はいない。

ほっと一息するうちにも、次なる試練が彼のもとへ。本能寺の変である。

ときに、天正十年（一五八二）六月のことであった。

藤孝は光秀の娘・玉《たま》（ガラシャ夫人）を、嫡子忠興《ただおき》の室に迎えていた。

そのため光秀が、信長を京の四条堀川・本能寺に襲ったおり、世間の人々は当然のことのように、藤孝―忠興父子は光秀に荷担するものとみなしていた。

だが、織田家の各地に散っている方面軍司令官の存在、その反転攻勢、そもそもの主殺の悪名を考えれば、光秀に最終的な勝ち目は見出せない。

ならば、荷担を拒絶したらどうなるか。

光秀は一番親《ちか》しい身内に裏切られ、両目を失い、世間の不信任を買いかねない。

畿内に充満する光秀の軍勢一万三千は、藤孝父子を殺すであろう。

なにしろ光秀は、長年の友であり親戚でもある藤孝の荷担について、当初からまったく疑念をもっておらず、そのため事前の連絡を一切取っていなかった。

「なんという無謀なことを……」

困窮した藤孝の、本音であったろう。

さて、彼はこの新たな「死地」をどう切り抜けたか。

忠興に髻《もとどり》を切らせ、自らは頭髪を剃り、

「仏門に入り、信長公の弔《とむら》いに専念したい」

という自己顕示《デモンストレーション》に出た。

これにはさしもの光秀も、どう対処してよいか、手を拱《こまぬ》く以外なかったろう。

俗世を捨てた隠者を、討つことはできない。討てば、世の非難を浴びることになる。再三、藤孝に翻意を促したものの、ついには光秀も断念。だが、藤孝の荷担が実現しなかったことが世間の不審を買い、味方に集う大名・国人たちを躊躇《ちゅうちょ》させ、山崎で光秀が羽柴（のち豊臣）秀吉に敗れる要因ともなった。

一方で忠興は、すぐさま妻・玉を離別し、丹後《たんご》の三戸野《みどの》（のち味土野《みどの》・京都府京丹後市弥《や》栄《さか》町）の山中にある茶屋に幽閉している（のち、秀吉の許しを得て復縁した）。

もう一つの関ヶ原

「幽斎」と号した藤孝は、豊臣政権下では歌道、茶道、学問をもって、朝廷と秀吉の間を往復する一方で、帝や公家たちからも、武門における自分たちのよりよき理解者、保護者と目されつづけた。

武家としての幽斎に豊臣政権下、目立つほどの武功は乏しかったが、京都におけるその声望《せいぼう》は、やがては幽斎本人の生命《いのち》を救うまでに高まっていく。

無論、彼が油断なく気配りしたのだが……。

慶長五年（一六〇〇）九月の、〝天下分け目〟の関ヶ原の合戦——東軍＝徳川家康の勝利を確信する幽斎は、わが子・忠興に、細川家の軍勢のほとんどを預けて出陣させた。

　そのうえで、自身はわずか二、三百の、老兵や年端もいかない者たちを率いて、丹後田《たんごた》辺《なべ》城（現・京都府舞鶴市）に籠城する。

　七月、その脆弱《ぜいじゃく》な（もろくて弱い）田辺城へ、西軍＝石田三成方は一万五千の軍勢を差し向けてくる。城は瞬《またた》く間に、陥《おち》るはずであった。

　ところが、同月二十一日にはじまった城攻めは、八月に入っても落城の気配を見せない。なぜか。これまでついぞ、武家の戦《いくさ》に口を挟むことのなかった朝廷が、この城攻めにかぎって、調停役を積極的に買って出たからである。

　この時期の朝廷は武力を持たず、残された権威は「有職故実《ゆうそくこじつ》」と称される文学・学問の世界だけで、厳粛な宮廷儀式や行事の体系と、その基礎となる学問・芸事＝「王道」が、いわば公家たちの生命＝存在証明となっていた。

　だからこそ、彼らは幽斎を救おうと、躍起となったのである。

　もしも、彼を失うようなことにでもなれば、幽斎が身につけた〝古今伝授《こきんでんじゅ》〟（『古今和歌集』の解釈＝秘伝を師から弟子に伝えたもの）を含め、幾多の学問の成果、伝統芸術が灰燼《かいじん》に帰すことになる。

　そうなれば、その損失は大きい。朝廷の世界では取りかえしのつかない損害《ダメージ》となる。

無論、こうした事態を見通して、幽斎は籠城するだいぶ以前から、朝廷工作を行っていたことは、いうまでもあるまい。

田辺城は朝廷の、後陽成天皇《ごようぜい》（第百七代）からの勅使差遣《ちょくしさけん》によって開城され、幽斎は帝のご存念という大義名分を得て、西軍に捕えられることもなく、堂々と城を出た。

これほど鮮やかな、勝利を演出した武将もいまい。また、戦国時代を通じて、朝廷が自ら主体的に武家を救援したのも、これが唯一の例となった。

幽斎＝藤孝は、常に時代の趨勢《すうせい》を的確に読み、次代の指導者を見誤らず、決して媚《こ》びることもなく、自らは雄々しく、その一方で野心の片鱗《へんりん》も見せずに、乱世を生き抜いた。

慶長十五年八月二十日、一代の智者は七十七歳でこの世を去った。同じ年生まれの、信長の享年四十九に比べれば、大往生といえよう。

なお細川家は、子々孫々も繁栄しつづけている。

歴史を動かした僧侶たち

関ヶ原を演出した男・安国寺恵瓊《えけい》の戦略とは?!

——世にも、不思議な大名がいたものだ。

鎌倉以来、安芸一国（現・広島県西部）に号令してきた守護大名・武田氏の直流に生まれ、〝下剋上〟の風波を受けて、お家騒動の最中を毛利元就《もとなり》につけ入られ、ついに実家は滅亡。四歳の遺児となったその子は、家臣にともなわれて安芸安国寺《あんこくじ》（現・広島市東区）に逃げのびた。にもかかわらず、彼は家を再興する道を選ばずに青年僧として成長する。

そして臨済禅の五本山の一《いっ》・東福寺《とうふくじ》（現・京都市東山区）の二百十三世住持《じゅうじ》となる名僧の竺雲《じくうん》恵心の弟子となった。師の一字を得て、諱《いみな》を恵瓊《えけい》と称す。

後年、恵瓊は還俗せぬまま大名となるのだが、南都の筒井順慶《じゅんけい》のような、僧兵あがりならばいざ知らず、学僧がそのまま大名となった例は他にあるまい。

彼は京に上《のぼ》って学問を積み、中央の五山禅林の人となって、さらに修行を重ね、元亀二年（一五七一）には「首座《しゅそ》」の地位にのぼった。

三十代に安芸安国寺の住持を兼ね、後には東福寺二百十五世住持にもなっている。恵瓊はこの安国寺に、余程の執着があったようだ。以降、栄達を重ねても同寺の住持の座にありつづけ、ついには自らを「安国寺恵瓊」と称するようになる。

この恵瓊が一躍、その名を天下に知られるようになったのは、天正元年（一五七三）三月、織田信長の末路と豊臣秀吉の将来を、書簡で見事に予言した頃からである。

中国地方十ヵ国をほぼ制した毛利家では、朝廷や将軍の住まう京都をはじめ、諸国との外交上の交渉ごとを、尊崇する僧侶に委託する方法が、半ば公然化していた。

恵心がその長官であり、弟子の恵瓊もそれを手伝い、やがて後継者となった。

抜群の頭脳と淀みない弁舌をもつ彼は、また、目的を達するまでの根気により、外交の相手をときに屈服させ、ときに感動させ、確実に外交僧としての実績を積み、毛利家において独自の地位を築いていく。だが、恵瓊の謀才は外交を専らとするには豊かすぎた。

彼は、十五代将軍・足利義昭が信長によって京を逐われ、毛利氏を頼って備後《びんご》鞆《とも》ノ津《つ》

（現・広島県福山市）にやって来たおり、毛利家との間を周旋したが、その食えぬところは、毛利氏に領土的野心がないのを知りながら、将軍家の威光に効き目があるとの認識を、毛利家に植えつけようとしたところであったろう。

天正四年十一月、毛利家の本拠・吉田城での首脳会議で、恵瓊は義昭を擁しての東上策＝上洛戦を説き、明春を期して軍勢を京へすすめる計画を決定に導く。

彼は直ちに、本願寺衆徒の協力を取りつけた。だが、この大作戦は発向直前になり、全く予期しなかった織田家の西進という事態を迎えて、急拠《きゅうきょ》、沙汰止みとなった。

信長の中国征伐については、小早川隆景が戦いを回避しようとし、恵瓊が外交を担当して、中国方面軍司令官の羽柴秀吉との講和を、実現したことはよく知られている。

おりから本能寺の変が起こり、秀吉が〝中国大返し〟を演じるのだが、恵瓊は秀吉の将来を見こして、これに同調。恵瓊の凄味は、毛利氏に仕えるだけでは満足せず、信長の死後、天下取りへの食指を動かした秀吉に接近し、ついに自らが独立した大名となったところにも明らかであった。天正十三年六月、秀吉の四国征伐が開始された。

この役によって、小早川隆景は伊予（現・愛媛県）三十五万石を与えられ、恵瓊は領内・和気《わけ》郡に二万三千石を分与される。その後、慶長五年（一六〇〇）には六万石となった。また、伊予のほか安芸安国寺に与えられていた一万一千五百石があり、慶長三年には東福寺二百二十四世住持として、再度、同寺を采配。同五年には南禅寺《なんぜんじ》（現・京都市左京区）住持ともなり、彼は中央禅林最高の位をきわめた。

当時のわが国における、最高の学識といっても過言ではあるまい。

僧でありながら大名であり、同時に毛利家の政治・外交顧問で、さらには豊臣政権の頭脳《ブレーン》でもあった恵瓊が、六十を二つ三つ超えた身体を駕籠《かご》に乗せて、近江佐和山《さわやま》（現・滋賀県彦根市）に蟄居中の、石田三成のもとへ急行した。

「わしのこの手で、日の本の歴史を今一度、塗り替えてみせようぞ」

恵瓊の野心、とでもいえばいいのであろうか。

かつて、毛利家の上洛を成し得なかった蹉跌《さてつ》を乗り越え、秀吉に天下を取らせた自負を呼び戻し、彼は今度は三成を援けて、己れの演出による〝天下〟を創り直してみたかったようだ。しかし、慶長五年九月十五日の〝天下分け目〟の関ヶ原の戦いは、周知のごとく東軍＝徳川家康の圧勝に終ってしまった。

恵瓊は同年十月、京都六条河原にて処刑される。享年は六十二、または六十四ともいわれている。その心中や、いかに——。

信長、秀吉、家康に重宝された囲碁の名人・本因坊算砂

天正十年（一五八二）五月二十九日、〝天下布武〟に王手のかかった織田信長は、中国方面軍司令官・羽柴（のち豊臣）秀吉の要請を受け、自ら織田軍を率いるべく、小姓衆二、三十人を従え、安土《あづち》（現・滋賀県近江八幡市）を発《た》って京都へ向かった。宿所の四条西洞院《しじょうにしのとういん》にある本能寺に入ったのは、同日の現在の午後二時頃のこと。雨が降っていた。本能寺は信長の宿舎であったが、四周を堀と土塁、内部には伽藍《がらん》のほか厩《うまや》までが装備されており、城砦並みの防御力を持っていた。加えて、本能寺の近くには妙覚寺《みょうかくじ》があり、こちらにはひと足早く、信長の嗣子信忠《のぶただ》が親衛軍（五百騎と伝わる）を統率して到着していた。

信長が入京したことを知った京都の人々は、御機嫌伺《ごきげんうかが》いに昼夜おしかけたが、六月一日には摂関家以下、多くの公家衆が本能寺を訪れている。接待もかね、信長は本能寺の書院で茶会を催し、前太政大臣《さきのだじょうだいじん》・近衛前久《このえさきひさ》や博多の豪商・島井宗室《しまいそうしつ》を相手に、秘蔵の名物茶器を披露したりした。

茶会のあとは酒宴となり、夜になって客がひきあげると、今度は囲碁の対局が信長の御前で行われた。このとき打ったのが、寂光寺《じゃっこうじ》の日海《にっかい》（のち本因坊算砂《ほんいんぼうさんさ》）と鹿塩利賢《かしおりけん》の二人

であった。日海は永禄元年（一五五八）五月、京都長者町に生まれている。

一説に安土宗論《あづちしゅうろん》で法華宗を代表した、寂光寺の久遠院日淵《くえんいんにちえん》の甥とも伝えられている。八歳のとき、京都日蓮宗十六本山の一《いっ》・寂光寺に入って僧となり、仏典に通じるとともに、師匠の鹿塩仙也《せんや》について碁を学び、名人と称せられた。ときに、二十五歳。

一方の鹿塩利賢は、日海の師・仙也の実子であり、「利玄《りげん》」と諸書にある人物と同一ではないか、と思われる。やはりこの時代を代表する、著名な棋士であった。

『碁道史談叢《ごどうしだんそう》』（高部道平《たかべどうへい》著）には、信長の腕前は明智光秀と同格で、日海に四子《しもく》（石を四つ）おいて打った、と触れられているが、これを証明する史料は見当たらない。

なお、同書には実に独特《ユニーク》な〝物語〟が載っていた。

家臣の光秀と同格なのが気に入らない信長は、日海に光秀を負かす方法を相談する。が、碁は一手や二手教えたからといって、急に強くなれるものではない。

しかし、相談相手は信長である。日海は名人として、信長が光秀と打つ時、悪いところへ打ちそうになったら、扇子をパチリと鳴らして教える、という方法を考案した。

信長は喜び、その通りにすると光秀はさすがに完敗。しかし、二局、三局と対局がつづき、負けつづけるうちに光秀は、このカラクリを知る。

このおりの怒りが、本能寺の変につながった、と同書はいうのだが……。

これも裏付けはない。信長は光秀によって、横死《おうし》してしまう。享年四十九。

それはさておき、本能寺の変の当日、日海は午前十二時に本能寺を退出して寂光寺に戻ったものの、何となく寝つけなかったという。

信長を弑逆《しいぎゃく》し〝三日天下〟となった光秀と、日海がその間、碁を打ったかどうかは定かではない。しかしその後、信長の遺産を相続した秀吉が、天正十一年に参議となると、日海を召して二十石を与え、碁道指南を命じたという（天正十六年説もある）。

何事にも序列をつけたがる秀吉は、世に聞こえた「碁打《ごうち》」を集め、先の鹿塩利賢も含めて打たせた結果、日海が最も盤数を勝ったので、以後、日海が定先《じょうせん》（下位者へ常に先手を譲る）定めとなった。日海は秀吉にもかわいがられ、二十石とは別に、寂光寺の寺禄として四石をもらっている（これは本因坊家がのちの、徳川十四代将軍・家茂《いえもち》まで継承した）。

秀吉の死後、天下を取った徳川家康も、

「囲碁は武士の嗜《たしな》みとして有効だ」

との判断により、これを庇護《ひご》した。

慶長八年（一六〇三）二月、念願の征夷大将軍となった家康のもとへ、日海が祝儀に参上すると、さっそく家康は五子置いて碁を打ったという。

さらには、日海ほか四人の碁打を禁中に召して、後陽成天皇の御前で碁を打たせる配慮も示している。家康は日海の「碁の弟子」であったとも。

慶長十七年二月、日海は家康より「五十石五人扶持」の支給を得る。これは好敵手《ライバル》の鹿塩利賢と二人のみ。ただし、日海は終身三百石の支給を別途、受けていた。

つまり、三千石の旗本の格式を許されたわけだ。

日海は家康の命により、寂光寺を法弟・日栄にゆずって、自らは隠居して本因坊を姓とした。棋所《きどころ》を命ぜられ、名を「算砂」と改めて江戸へ下る。

余談ながら、本因坊は寂光寺の塔頭《たっちゅう》の一つ。ただしこの坊号は、寂光寺の開基で、算砂の法門の師である法華宗の学僧・日淵《にちえん》がはじめに本因坊日雄《にちゆう》と名乗ったことがあった。

おそらくこの坊号を、算砂に譲ったものであろう。

一方で権大僧都《ごんのだいそうず》＝法印に叙せられた算砂は、江戸城の登城のおりは緋の法衣に、袋入りの長柄の傘を用い、下乗際まで乗輿《じょうよ》を許される。

棋所を与《あずか》った彼は、将軍指南役であるから、止め碁といって他の者と碁を打つことは禁じられてしまった。算砂がどの程度強かったのか、それを証明する話が残っている。

元和年間のことらしい。朝鮮から李礿史《りやくし》という人物が来朝した。李は当時の朝鮮で最強といわれた碁打であったが、算砂は三子おいて打ち、たちまちにして李を破っている。

「日本は碁の国である」

と、李は感嘆したという。

算砂が死んだのは、元和九年（一六二三）五月十六日のこと。享年は六十五。

碁なりせば劫《こう》（一方で取られた直後に他方で取りかえせないこと）など打ちて生くべきに
死ぬるばかりに手もなかりけり

辞世の狂歌であった。囲碁ならば負けそうな局面でも、「劫」の手法で生きのびられるが、己れが現実に死ぬとなれば、打つ手がないものだ、との意である。

算砂は日蓮宗の僧であったから、妻帯していない。棋所をまかすべき後任者には、弟子のなかで一番強かった中村道碩《どうせき》が指名された。

本因坊家の名跡は算悦《さんえつ》（本姓杉村、親は不詳）に継がせたが、この時、彼は十三歳でしかなく、道碩が大いに奔走して二世実現に貢献したという。

天海僧正、百歳を超える長寿の秘訣は○○?!

徳川家康の最晩年に召され、二代将軍秀忠《ひでただ》、三代将軍家光《いえみつ》からも厚遇された、典型的な

〝黒衣の宰相〟＝南光坊天海僧正《なんこうぼうてんかいそうじょう》は、その長寿ゆえに歴史に名を残した印象が強い。一説に、寂滅《じゃくめつ》百八歳という。家康のもとにあって、〝幕閣の黒幕〟とまで呼ばれた天海は、その出自や年齢については諸説があった（もっとも、明智光秀＝天海というのは論外）。

一般的には天文五年（一五三六）、戦国時代に奥州会津地方を支配していた蘆名《あしな》氏の一族、三浦氏の裔《すえ》として、陸奥国会津高田（現・福島県大沼郡会津美里町）で生まれたとされている。幼くして出家してからは、「随風」と称して諸国の名山霊場を遍歴したという。

のちに、京都比叡山の実全《じつぜん》に天台教学を学ぶと、近江（現・滋賀県）の三井寺《みいでら》（園城寺《おんじょうじ》）で、あるいは南都（奈良）で、倶舎《くしゃ》や三論《さんろん》、法相《ほっそう》、華厳《けごん》（いずれも南都六宗）の諸教学をはじめ、禅や密教を修した。

慶長五年（一六〇〇）九月の関ヶ原の合戦後、武蔵国仙波《せんば》（現・埼玉県川越市）に住《じゅう》していた天海が、天下人となった家康の知遇を受け、以後、徳川家内外の政務に参画し、江戸幕府成立の枢機にあずかった頃には、すでに齢《よわい》は七十歳を超えていたという。

にもかかわらずこの天海は、家康の没後も幕府に出入りして政務に参画。寛永二年（一六二五）、江戸城の鬼門にあたる忍岡《しのぶがおか》（現・台東区上野公園）に、東叡山寛永寺《とうえいざんかんえいじ》が建立されるとその第一世となり、正保四年（一六四七）には日光山、東叡山、比叡山の三山を兼ねて天台宗を管掌《かんしょう》する立場となった。これほどの、社会的権力を握った僧も稀であったろう。

この天海の驚異的ともいえる偉業を支えたのが、その健康であった。

彼は自らが学んだ自然科学から易学《えきがく》にいたる森羅万象の諸知識、とくに中国の伝統的な知恵から、養生法を学び、日々、実践につとめたと伝えられている。将軍家光から長寿の秘訣を聞かれたとき、天海がその答えとした二首の和歌が、今日に伝えられている。

気は長くつとめは固く色うすく
　食ほそうしてこころ広かれ

長命は粗食正直日湯陀羅尼《ひゆだらに》
　おりおり御下風《おげふう》（屁《へ》のこと）あそばさるべし

すなわち、気持ちはゆったりと、仕事はきちんと、色事（恋愛、情事）はほどほどにして、食事は少なく、心は広くもって小さなことにくよくよしないのがよい、という。

これらは天海の日常生活における身の処し方が、悠揚迫らぬ態度と先々を見据えた姿勢に徹していたことをうかがわせるとともに、高齢にもかかわらず、つねに前向きであったことが、その健康にもつながっていたとはいえまいか。

その天海も、自らが開山となった江戸上野の東叡山寛永寺で、いよいよ死の床につくこととなった。寛永二十年（一六四三）の夏のことである。

病気回復のための祈禱がはじめられたが、天海本人は、

「定められた寿命が間もなく尽きる。祈禱や薬で治るものではない」

といい、すぐさまやめさせてしまった。

自らの死に直面していながらも、いたって彼は冷静であり、この年の十月一日深夜、天海は高弟たちを枕辺へ呼び集めると、天台の奥儀を口授し、筆記させた。それを事細かに校閲して、将軍家光のもとへ届けさせている。翌二日の昼すぎ、いよいよ臨終のときが来たことを悟ったらしく、天海は口をすすぎ、たらいの水で手を洗った。

弟子に手伝わせて新しい法衣をまとうと、威儀を正し、数珠を手に経文を唱えた。夕方、弟子の名を一人ひとり呼んでは合掌し、その後、こう語ったという。

「遷化ののち、わが恩を報ぜんと欲せば、学道に怠ることなかれ」（私が死んだ後、私に恩返しをしたいと思うのであれば、天台の学問に励み、道を究めるように努力せよ）

弟子たち全員に、最後の指導をほどこしたのである。

天海は眠るように、息を引き取った。そのときの姿勢は、半跏趺座《はんかふざ》（片足をもう一方の脚の腿の上に組む座り方）の崩れぬまま、顔には微笑が浮かんでいたと伝えられている。

戦国乱世に暗躍した忍びの歴史

伝承は古代に遡る

忍びが操る術＝忍法、忍術は、古くは『古事記』で道臣命《みちのおみのみこと》が暗号を使い、闇夜の戦いに勝った例があり、倭建命《やまとたけるのみこと》が女装して熊襲《くまそ》を討った例を引いて、これこそが忍術の起源だ、と述べるものもある。

筆者は具体的な起源としては、『孫子《そんし》』『六韜《りくとう》』などの中国古典兵法書の伝来、陰陽道《おんみょうどう》、仙術《せんじゅつ》（不老不死などをめざす仙人の術）、修験道《しゅげんどう》（山岳信仰を行う修験者の術）といった様々なものが影響し合って、徐々にできたもののように考えている。

いわゆる山伏の修行――熊や狼、山犬から身を守る術が、種々研究されて発達し、室町

時代末期には、それらを専門的に活用する武士団が現れはじめた。

彼らは忍び、隠密、細作《さいさく》、草、嗅《か》ぎ、乱波《らっぱ》、素破《すっぱ》、とっぱ、などと呼ばれ、刀剣や手裏剣から、ついには鉄砲にいたる火器、火薬に長じ、クナイ（爪状の鉄製飛道具）などの忍具、変装術まで駆使して、諜報活動、夜襲、放火などを行った。

戦国時代には、武田氏が使った乱波と素破、上杉氏の軒猿《のきざる》、北条氏の風魔《ふうま》など、全国の大名のもとに多くの忍び集団が働いていたようだが、性格上、表立った文献には記録が残りにくかった。

戦国の世も含めて、中世の人々は土地に縛られて生活をしており、特別な目的がなければ他国へ赴くことがなかったが、もちろん、例外もあった。たとえば、伊勢神宮の御師《おんし》（神宮以外では御師《おし》と呼ぶ）、六十六部廻国《ろくじゅうろくぶかいこく》の修行者。そして、忍びも然りである。

俗に、〝甲伊一国〟と称された地域があった。近江国甲賀《こうか》郡（現・滋賀県南東部）と伊賀国（現・三重県西部）である。ともに今日なお、忍者の里としての印象《イメージ》が強い。

『武家名目抄《ぶけみょうもくしょう》』（塙保己一《はなわほきいち》らが編纂した江戸後期の有職故実《ゆうそくこじつ》書）などには、「忍者」について、

「間者《かんじゃ》、諜者ともいい、敵中に潜行して形勢を探り、間隙《かんげき》を縫って敵城に火を放ったり、ときには刺客《しかく》となって人も殺す」

とある。

また、彼らは鉱物・植物・動物の知識をもち、歌舞や音曲《おんぎょく》にもすぐれ、火薬を扱い、薬を調合することもあったとも。

煙とともに人が消えるとか、大きな蝦蟇蛙《がまがえる》に変身するといった、奇異の忍法は別として、忍者＝忍びのキーワードは〝情報〟につきた。正確で詳細な情報を、すばやく収集して伝達する。今日《こんにち》風にいえば、甲賀と伊賀はまさにＩＴ（情報技術）の聖地であったわけだ。

ほかにも、武田信玄に仕え、主家滅亡後は徳川軍に二度も打ち勝った戦国の勇・真田一族を生み出した現在の長野県などは、いまでも精密機械の聖地といわれている。

では、全国の中でなぜ、甲賀と伊賀がとくに、名指しされるまでになったのか。

実はこの二つの地域は、御歳《おとぎ》峠（現・滋賀県甲賀市と三重県伊賀市の境にある峠）をはさんで隣接していた。奈良、京都といった都に近い要衝に位置し、似かよった風土をもっていた点があげられる。まず、彼らの先祖――たとえば、戦国末期の忍び・服部半蔵《はっとりはんぞう》で有名な服部氏には、呉服部《くれはとり》、漢服部《あやはとり》の渡来にはじまる伝承があり、それによれば秦《はた》氏、漢《あや》氏の末《まつ》裔《えい》であったこの一族は、機織《はたお》りの技術と採鉱の技法をたずさえて、日本へ渡って来たという。古代においてこれらは、ともに最先端のハイテクノロジーであったろう。

それがはからずも、飛鳥《あすか》（現・奈良県高市《たかいち》郡明日香《あすか》村とその付近一帯）、飛鳥浄御原《きよみはら》（現・同上の明日香村村内で場所は諸説ある）、藤原宮《ふじわらのみや》（現・奈良県橿原《かしはら》市）、近江大津（現・滋賀県大津市）などとも近い地域に土着した。

伝承したとされる火薬——唐の時代には「伏火硫黄ノ法《ふくかりゅうおう》」と呼ばれた調合は、当然のことながら材料を求めて深山の奥へ分け入ることにもつながった。深山幽谷での採掘作業を可能とするためには、自らの身体を鍛練し、精神力を強固にする必要もあったはずだ。

忍びの里とは

そう考えてこの地域の地図を見直すと、吉野、大峯《おおみね》、熊野、鈴鹿《すずか》といった山岳修験の本山やそのほか、神秘の山々に〝甲伊〟が取り囲まれていることに気がつく。

これらのことは、同一条件をもつ地域を考えるうえでも、きわめて重要であったといえる。彼らも、地域的特徴の延長線上に、存在していたからだ。

甲賀・伊賀に住む人々は、頻繁に都を往来する人物や物資、情報に接しつつ、〝歴史〟を生きてきた。機織《はたおり》と採鉱の専門知識と、それから派生した火薬や薬の調合——。

地域上、真言・天台の二大密教ともつながりをもち、山岳宗教にも影響され、そうしたことが彼らの生業《なりわい》を少しずつ変貌させていった。土地を受け継ぐ長男は別として、次男以下の若者は、口べらしに他業へ転出せざるを得ず、甲賀ではそれが里山伏《さとやまぶし》の姿となり、修験売薬を売って諸国を巡り、あるいは多賀社《たがしゃ》（現・滋賀県犬上《いぬかみ》郡多賀町の多賀大社を本社とする）、祇園社、熊野社、稲荷社などの社僧に仕えて坊《ぼう》（坊人《ぼうじん》ともいい、社寺に奉公する僧形の俗人）となって、護符の販売に歩くことにもつながった。

無論、関連のある加持祈禱、占い、安産などの術を身につけて他郷に出、各地の信者や一般の人々を相手に稼ぐ者も輩出している。伊賀でも、基本条件はかわらなかった。

多少、加味するところがあるとすれば、平城京の時代以降、東大寺荘園の杣《そま》（木こり）として寺院建立・修繕の用材を供給したことから、そうした杣人《そまびと》としての仕事の合間に、都へ出て働く者が少なからずあった点であろうか。地方と都をつなぐ山峡の地＝甲賀と伊賀は、それだけに世相や時勢には敏感であったといえる。

彼らは数十人単位で徒党を組み、その小集団をもって「甲賀郡中惣《ちゅうそう》」「伊賀惣国《そうこく》一揆」などの共和制を敷き、守護や地頭に抵抗を試みたのも、この地方の特色といってよい。

ちょうど、信濃の分裂していた土豪の規模に匹敵している。周囲の大勢力——たとえば甲斐の武田家、信濃の小笠原家——に楯を突いた歴史も酷似していた。

余国は皆、守護あつて其国民相順《あいしたが》い居《お》ると雖《いえど》も、伊賀・甲賀の者どもは守護あることなく、各々我れ持《もち》にして面々《めんめ》に知行の地に山城をかまへ居て、我意を専《もっぱ》らとし。（『万川集海《ばんせんしゅうかい》』

忍術問答より）

争乱に巻き込まれる忍びたち

そのためであろう、彼らは「悪党」と呼ばれ、ときに山賊まがいの稼業をなし、放火、強盗、年貢の強奪、労役放棄などを性懲《しょうこ》りもなくくり返した。

もとより、そうした自儘《じまま》が許されつづける道理はない。甲賀・伊賀の小天地を揺るがす、ときの権力者による大征伐戦が行われたこともあった。甲賀においての戦いを、後世「長《ちょう》享《きょう》の乱」（鈎《まがり》の御陣《ごじん》）と史書は記録した。長享元年（一四八七）のことである。

「世上あまねく甲賀・伊賀をそのまま忍びと総称するのは、足利将軍の鈎の御陣のとき、神変奇異の働きをして、天下の大軍を押しかえしたからだ。以来、名が高い」

『近江輿地志略《おうみよちしりゃく》』をはじめ、いくつかの史料にある。

皮肉なことに、この長享の乱が彼らを一躍、天下に知らしめることになった。

ことの発端は、甲賀の共和制にあったといってよい。

「江《ごう》ノ甲賀郡ハ豪俠《ごうきょう》ノ聚《あつま》ル所」（『天陰語録《てんいん》』）

独自の文化に胸を張り、談合組織をもって矜持・蟠踞《ばんきょ》して、室町体制のいわば埒外《らちがい》にあった甲賀へ、近江の守護・六角高頼《ろっかくたかより》が亡命してきた。高頼は室町幕府の功臣・佐々木道誉《どうよ》（導誉・諱は高氏《たかうじ》）を先祖とする佐々木氏の嫡流。ところが支流の京極氏に下剋上され、そのため高頼は、近江国内の叡山や幕臣の領地を掠《かす》め取って「押妨《おうぼう》」した。

そのことが、ときの九代将軍・足利義尚《よしひさ》（日野富子の子）の逆鱗に触れてしまう。すぐさま動員令が発せられ、兵一万数千が高頼の居城・観音寺城《かんのんじじょう》（現・滋賀県近江八幡市）へ迫った。しかたなく高頼は居城を焼き、甲賀の山中へ逃げ込む。

おそらく甲賀と高頼の間に、相互救済のような盟約があったに違いない。

甲賀の共和制は高頼保護を決議し、栗田《あわた》郡鈎《まがり》ノ里《さと》（現・滋賀県栗東《りっとう》市）に意気揚々と本営を移した将軍義尚の軍勢に、果敢なゲリラ戦を仕掛けた。夜襲と奇襲がくり返され、流言蜚語が飛び交い、この種の戦いに馴れていなかった幕府軍は、たちまち内部分裂をひきおこし、ついには義尚の陣没をまねくことになる。

将軍義尚の死は、それまでの不摂生がたたってのものであったが、これすらが甲賀の手にかかると〝密殺〟となった。〝神変奇異〟――この鈎の陣で一躍、甲賀の忍びの名声はあがった。とくに功績のあった人々が、「甲賀五十三家」と称されるようになる。

服部半蔵の正体

甲賀が北近江の六角氏と長年にわたり離合集散をくり返すなかで、峠一つを隔てた伊賀もそれらの騒乱に、つねに巻き込まれた。

加えて、伊賀では東大寺荘園や大和守護、土豪との抗争もあり、それまで狭い地域で小豪族がひしめき、各々小さな抗争の中で育み、少しずつ形づくられてきた〝忍術〟は、共和制を存続させるためにも、よりその生存と戦闘、謀略、諜報の技術を、高度に磨かねばならない必須の、生き残り条件であった。

その成果が、一説にいう忍び流派四十九の成立であったともいえようか。

長い戦国の世にあって、甲賀・伊賀の忍びは小集団単位で諸国に雇われていき、一方、地元では共和制を貫きつづけた。が、これに止《とど》めを刺す者が現れる。織田信長であった。

甲賀は六角氏の衰退後、信長の傘下に入ることで生き残りをはかった。のち、天下人の時勢を読みながら生き抜き、幕藩体制の中では「甲賀組」として残った。

悲惨であったのは、伊賀である。信長によって行われた〝天正伊賀の乱〟は、伊賀の小天地を瞬時にして完膚《かんぷ》なきまでに討ち滅ぼしてしまう。

もし、この直後の天正十年(一五八二)六月、〝本能寺の変〟に際して、

「御生涯御艱難《かんなん》の第一」（『徳川実紀』）

といわれた、徳川家康の危機を伊賀の忍びが救い、困難で険しい伊賀越えを成功させ、三河へと脱出させる功績がなければ、この時点でかれらの系譜は絶えていたかもしれない。

一般に家康と忍び、わけても伊賀者とのかかわりは、この〝伊賀越えの危機〟がその発端とされがちだが、事実はさらに古く、家康はそれ以前から、三河国岡崎に五十名を超える伊賀者を召し抱えていた。巷間、徳川家の忍び集団の頭領として、名を馳せる服部半蔵《はっとりはんぞう》正成《まさなり》は、天文十一年（一五四二）、岡崎の松平清康《きよやす》―広忠《ひろただ》父子に仕えていた伊賀者・服部石《いわ》見《み》守保長《やすなが》（半三《はんぞう》）の第五子として生まれていた。

先祖は伊賀国阿拝《あへ》郡服部郷（現・三重県伊賀市）を領した服部氏の一族であったという。弘治三年（一五八七）、「三河西郡《にしごおり》宇土城《うどじょう》（現・愛知県蒲郡《がまごおり》市）夜討ちのとき、半蔵は十六歳にして、伊賀の忍びの者を六、七十人指揮して忍び込み戦功を顕《あらわ》した」（『寛政重修諸家譜《かんせいちょうしゅうしょかふ》』）といわれているが、この時期、領主の広忠は没していて（天文十八年）、同年齢の家康はいまだ駿河で人質生活をおくっていたから、この話はにわかには信じられない。

あるいは、半蔵ははじめ今川氏に仕え、家康の独立後、三河家臣団に帰参したとも伝えられるから、存外、この辺りに謎を解く鍵があるのかもしれない。

伊賀越えの翌年、家康はそれまでの三河、遠江、駿河の三ヵ国に、甲斐と信濃を併せ五ヵ国を領する大名となったが、小田原の役が終わると、天下人・豊臣秀吉によって関東への入府を命じられる。

ここにいたって家康は、伊賀越えの危機を救った功により、伊賀・甲賀者を二百名も召し出し、これがのちの徳川家における忍びの集団＝伊賀同心の端緒となった。

二百名の伊賀・甲賀者は、やがて与力三十騎とともに半蔵の支配下となり、ここに徳川家の忍び集団の頭領・服部半蔵が名実ともに誕生することとなる。

以降、半蔵は伊賀同心を率いて数々の合戦に参戦。戦功を重ねて〝鬼半蔵〟と称され、八千石を領し〝徳川十六神将〟の一《いっ》に列するまでとなる。

忍びの集団を率いたことから、ややもすれば派手に、恰好《かっこう》よく扱われてきたが、その事跡は情報探索、敵側の内部攪乱《かくらん》などの実行が主務であり、半面は、合戦にいたれば陣頭に立って奮戦している。また、平時には特技を活かして土木、測量、架橋や道路の敷設などに活躍、徳川初期の治世に大きく貢献したのも史実であった。

半蔵の遺功は、代々の伊賀同心によって受け継がれ、江戸城から直接つながる唯一の街道＝甲州道中（甲州街道）の守護、通過門の警備を命じられた。

家康は万一、江戸城が攻められたならば、甲州路を伊賀（甲賀も含む）の忍びに守られながら、甲府城へ落ちる手筈《てはず》を整えていた形跡があった。

前出の『万川集海《ばんせんしゅうかい》』という忍術の集大成（二十二巻）の中に、忍びの者を召し使うおりの十ヵ条というのがあげられている。これは江戸期に入っての、甲賀・伊賀の人々を考えるうえでも興味深いものがあった。いくつかをあげてみたい。

一、忠・勇・謀・功・信の五徳を兼ねた身体健康な者。

二、平素は柔和で、義理固く、欲は少なくて理学を重んじ、行《おこな》いを正しくして恩義を知る者。

三、弁舌に長じ、広く内外の書を読み、智謀が深く、ものわかりがよくて人の口車に乗らない者。

しかし江戸時代に入り、泰平の世となると、忍びの活躍の場は急速に失われてしまう。

江戸時代に開花した手裏剣術

蛇足ながら、忍びが使うとされる手裏剣について——。

手裏剣術は、甲冑に覆われた武者への攻撃として、眼を狙ったのが始まりとされている。

願立流《がんりゅうりゅう》の流祖・松林《まつばやし》蝙也斎《へんやさい》（一五九三〜一六六七）が、休息中に敵に斬りかかられ、とっさに持っていた針を相手の眼に刺して、撃退したことから始まった、との伝承もあった。実戦のなかで必要に迫られて生まれたものであろうが、江戸の泰平の時代に入ると、これらが体系化されていく。

手裏剣は十字型、剣型、短刀型から、女性が緊急にそなえて簪《かんざし》代わりに髪にさしておける房のついたものまで、様々あったようである。打ち方は大きく、剣尖《けんせん》を前にして、持って回転させずに打つ直打法《じきだほう》、剣尖を手前にして持って回転させる反転打法、十字手裏剣などのように回転させながら打つ回転打法に分かれた。

代表的な流派は、直打法の根岸流《ねぎしりゅう》と反転打法の白井流《しらいりゅう》といわれるが、手裏剣打ちの流派は五十余流に及ぶ。のちに林崎《はやしざき》夢《む》想流《そうりゅう》居《い》合術《あいじゅつ》の流祖となる林崎甚助重信《はやしざきじんすけしげのぶ》（一五四二?〜一六二一?）も、手裏剣が得意であったとされ、林崎夢想流では手裏剣をも教授したという。

筆者が修業したタイ捨《しゃ》流剣法にも、手裏剣があった（忍術も）。

白井流と双璧を成した根岸流手裏剣術は、のち仙台藩（現・宮城県）の上遠野《かとおの》家に伝わって願立流となり、江戸末期に仙台藩十三代藩主・伊達慶邦《だてよしくに》夫人の孝子《たかこ》、その父・水戸烈《れっ》公《こう》（水戸藩九代藩主の徳川斉昭《なりあき》）を経て海保帆平《かいほはんぺい》に伝わった。

帆平より上州安中《あんなか》藩（現・群馬県安中市）の荒木流剣術四代師範・根岸松齢《ねぎししょうれい》（一八三三〜

一八九七）に授けられたという。松齢が工夫を重ねて創始した根岸流は、断面が八角、六角、円型の、太く重い針型の手裏剣を直打法で打つのに特徴があった。

もう一方の白井流手裏剣術は、天真一刀流《てんしんいっとうりゅう》二代目の白井亨《とおる》（義謙《よしかね》）が創始し、会津藩（現・福島県会津地方）を中心に東北の諸藩に伝承された。断面が円、あるいは四角の長さ七～八寸（約二十一～二十四センチ）の火箸型の手裏剣を、近距離は直打法で、間合い一間半以上では、反転打法で打った。会津藩士・黒河内《くろこうち》伝五郎《でんごろう》は、三間（約五・四メートル）はなれて小銭の穴を打つ名人であったと伝えられている。

なお白井亨は、天明三年（一七八三）に備前岡山藩（現・岡山県南東部）に生まれ、八歳から機迅流《きじんりゅう》の依田《よだ》新八郎《しんぱちろう》秀復《ひでまた》に入門。十五歳で江戸の中西派一刀流の中西忠太《ちゅうた》子啓《たねひろ》の門に入り、五年修行して同門屈指の剣士となった人物。文化二年（一八〇五）、二十三歳のおりに「八寸の伸曲尺《のぶかね》」を工夫して武者修行したという。

この伸縮自在の動きは、一種の目の錯覚をもちいてのものであり、忍びの世界に近い技法ではなかったか、と筆者は考えている。

なお、忍びの術には、今日でいう奇術《マジック》や催眠術、読口術なども含まれていたであろう。伝説の飛び加藤（鳶加藤《とびかとう》）こと加藤段蔵《だんぞう》や果心居士《かしんこじ》などは、むしろ〝幻術〟＝手品の使い手と見た方がよいように思われる。

真田信繁が大坂城入城のさい、帯びていた妖刀とは?!

慶長十九年（一六一四）十月、いよいよ大坂冬の陣がはじまるという、その直前のある日、豊臣家の重臣・大野治長《おおのはるなが》の屋敷に、月叟《げっそう》と名乗る山伏が訪ねて来たという。

治長の母は、淀殿の乳母・大蔵卿局《おおくらきょうのつぼね》であった。治長は亡き太閤秀吉の馬廻りをつとめ、秀頼のもとにあっては、かつての石田三成のような、行政官として働いていた。

家康を暗殺しようとして未遂、一度は下総結城城《ゆうきじょう》（現・茨城県結城市）に追放されたものの、関ヶ原の戦い後に釈放され、徳川家と大坂方の折衝役であった片桐且元《かたぎりかつもと》の退城（冬の陣の直前）以後、母の威光もあり、大坂城の中心人物＝大坂の陣では指導的役割を担った。

その治長、折悪《おりあ》しく山伏が訪問したおり、大坂城に登城していて不在。かわって家臣が応接に出たが、どうもこの山伏はあやしい。素姓を問えば、大峯《おおみね》（大峰山）の者だという。

用件は、と重ねて尋ねると、

「祈禱《きとう》の書物を治長さまへ、差し上げたくまかりこしました」

という。しかたなく、

「帰宅を待たれてはどうか」

と、番所の脇へ呼び入れた。

このとき番所では、時間をもてあましていた若侍たちが、十人ばかり、素人の刀《かたな》の見利きに興じていた。山伏がひっそりと控えていると、若侍の一人が、貴公の差料《さしりょう》を見せてほしいものだ、といい出す。山伏は恐縮しつつ、

「私の刀は山犬を脅すための物、とてもお目にかけるような代物《しろもの》ではありませんが」

といいながら、刀を差し出した。

抜いてみると形といい、光といい、実に見事な刀であった。

「ついでに、脇差も拝見させてくれぬか」

というと、これにも山伏は快く応じ、若侍たちに見せた。

彼ら若侍は刀身に見入っていたが、その銘をみて驚嘆する。太刀は破天荒で魅力ある作風で知られた、鎌倉時代の名工・正宗《まさむね》（岡崎正宗）、脇差は貞宗《さだむね》の作であった。

貞宗は正宗の実子とも、江州高木《ごうしゅうたかぎ》（現・滋賀県野洲《やす》市）出身の養子ともいわれている。

そこへ、治長がようやく帰ってくる。山伏の来訪を聞いて、思いあたることがあったようだ。すぐさま番所へかけつけてくると、山伏をみるなり手をついてかしこまった。

「これは……、ようこそ来て下されました」

治長は幾度も礼をいい、山伏を賓客として書院へ通す。この山伏こそが、真田信繁《のぶしげ》（俗称・幸村）であった、というのだ。これは『名将言行録《めいしょうげんこうろく》』（岡谷繁実《おかのやしげざね》著）にある話――。

蟄居《ちっきょ》していた高野山の九度山《くどやま》（現・和歌山県伊都《いと》郡九度山町）を脱出してきたのは事実であろうが、それを大野治長が知らなかったとは考えられない。

この挿話は、後世の創り話であろうが、信繁に正宗を持たせたのは、存外、似つかわしかったようにも思われる。なにしろ正宗は、得体《えたい》が知れない。

刀剣書の類《たぐい》では、京の粟田口派国綱《くにつな》が相州鎌倉に下ったおり、老いてからもうけたのが新藤五国光《しんとうごくにみつ》。その子・藤三郎行光《とうさぶろうゆきみつ》にいたって、行光の子が五郎入道正宗となっている。

ところが、日本一の名工と称される正宗の生没は、今もって不詳のまま。

明治に入ってからは、豊臣秀吉と曾呂利新左衛門《そろりしんざえもん》、本阿弥光徳《ほんあみこうとく》の三人が結託して、捏造《ねつぞう》した架空の人物ではなかったのか、との疑念まで出されていた。確かに正宗は、名代の絵師・東洲斎写楽《とうしゅうさいしゃらく》に似ている。その作品は残っているのだが、その実存性は……。

正宗という刀工が特別に脚光を浴びたのは、紛れもなく桃山時代に入ってからであった。とりわけ秀吉が、功臣への賞賜に正宗を求めたのは史実であり、その刀探しを請け負ったのが本阿弥光徳であったことも間違いない。

〝日本一〟というわりには、なぜか正宗には、生《う》ぶ在銘（製作当初の姿に作者名を記したもの）の太刀が見られず、刀類は磨上げの無銘か、金象嵌銘《きんぞうがんめい》のきわめものばかりであった。ついでながら、もう一方の貞宗も、在銘の作刀は現存していない（小脇指《こわきざし》をのぞく）。

後世の鑑定家によって、彼の作品と決められたものしかなかった。

そういえば、信繁の刀に関して、水戸光圀《みとみつくに》が正宗ならぬ、村正《むらまさ》のことを述べた文献を読んだことがある。

「真田左衛門信仍《のぶより》（くずし字の繁）は、東照宮（家康）へ御敵対したはじめから、村正の大小を常に身に離さず差していた。そのわけは、村正の刀が徳川家に祟るという話を聞き、当家調伏《ちょうぶく》の心でそうしたのである。士たるものは、ふだんから真田のように心を尽したいものである」（『西山遺事《せいざんいじ》』・筆者意訳する＝この書に「幸村と云《いう》は誤《あやまり》なり」とある）

これは面白い論評《コメント》であった。なるほど〝妖刀〟村正は、徳川家に祟っていたかもしれない。家康の祖父・松平清康《きよやす》や父・広忠《ひろただ》が、家臣に刺殺されたおりの刀が揃って村正であった。家康の長男・松平信康《のぶやす》が、織田信長の命令で切腹させられたときに用いられたのも、村正である。ただ、村正は尾張徳川家でも代々、大切に保管されており、かならずしも〝妖刀〟と決めつけられ、徳川家では嫌われた、という伝説は正しくないように思われる。

それにしても、史実と講談の入り交じった真田信繁＝幸村にとっては、村正は正宗以上にピッタリの刀であったかもしれない。

終　章◎女性たちは戦国武将の共同経営者

戦国を彩《いろど》った女性たち

七難八苦に負けぬ山中鹿介を育てた母とは?!

かつての賢母の代名詞に、孟子の母＝〝孟母〟があった。

「この母がなければ、のちの大学者・孟子もなかったであろう」

といわれるほど、教育熱心な母親であったが、仮に戦国時代の武将の妻や母の中に、この〝孟母〟の型を求めれば、筆者は戦前、日本人に最も人気のあった戦国武将・山中鹿介《やまなかしかのすけ》（もしくは鹿之介、鹿之助・諱は幸盛《ゆきもり》）の母を挙げたい。

天文十五年（一五四五）、鹿介が二歳のおりに、父の三河守満幸は病没する。

それ以来、母のなみは健気にも、夫の忘れ形見である二男一女を育てることに、己れの生涯を懸けた。

もともと彼女の実家＝立原家は、南北朝の婆娑羅《バサラ》大名・佐々木道誉《どうよ》（諱《いみな》は高氏《たかうじ》）の六代前に宇多源氏の佐々木氏から分かれた旧家であり、出雲月山富田《がっさんとだ》城（現・島根県安来市広瀬町富田）の城主である尼子《あまご》氏が、同じ佐々木氏から分かれる以前からの家柄であった。

なみの父・立原《たちはら》佐渡守綱重《つなしげ》も出自を重んじる武将で、そのため彼女も、主家に仕えて家を盛り立てることが、家臣のつとめである、との伝統的な意識の中に生きていた。

なみのわが子への教育方針は、何事にも徹底することに尽きた。

学問をするとき、彼女は火鉢を与えなかったし、どのように暑い夏の日でも、人前で肌を見せることを許さなかった。文武の修行に礼法、さらには茶の湯に笛、和歌の嗜みまで、なみは厳しくわが子をしこんでいく。

また、長男の甚太郎と次男の鹿介が喧嘩をして帰って来ると、その勝敗にこだわり、負ければ勝つまで二人を家に入れなかったという。

ある年のこと、亡父の命日を忘れて、鹿介が喧嘩に熱中して家をあけたことがあった。

帰宅した鹿介は、雪の降りしきる中を半日間、外に正座させられる。

令和の昨今なら、虐待（むごいとりあつかいをすること）で大変なことになったに違いない。

戦国の世でも、たまりかねたなみの弟・立原久綱《たちはらひさつな》が、

「このままでは死んでしまいます」

と、仲裁に入ろうとしたが、この姉はどこまでも厳しい。

「このまま死ぬようであれば、お家の役には立ちますまい」

頑として、家に入ることを許さなかったという。

鹿介は母の教導よろしく、若死した兄の跡を継ぎ、山中家の当主となって、やがて〝尼子十勇士〟に数えられるようになった。永禄五年（一五六二）以降は、巨敵・毛利氏に対して、果断な挑戦をつづけることになる。

鹿介の活躍がつづいている頃、久綱が姉のなみに、かつての折檻を思い出して口にしたことがあった。すると、彼女は次のように答えたという。

「亡父の霊を軽んずることは、ひいては主君をも見下すことになります。鹿介は賢いだけに、ややもすると真心が足りなくなる恐れがあったのです。幼いときにこそ、そういうところを改め、人格の豊かさを育《はぐ》みたかったからこその、折檻でした」

鹿介は懸命に尼子の臣として毛利氏と戦ったが、なにしろ相手が大きすぎた。

永禄九年（一五六六）にはついに、月山富田城は開城となる。

それでもあきらめない鹿介は、上洛して、京都東福寺《とうふくじ》（現・京都府京都市東山区）にあっ

た尼子勝久《かつひさ》を還俗《げんぞく》させ、改めてこの人物を主君に擁立。再び、毛利氏に戦いを挑んだ。月に毎夜、

「われに七難八苦を与えたまえ」

と祈った鹿介は、またしても毛利氏に敗れ、次には織田信長に助力を願い出る。だが、当時の信長の形勢はかならずしも良くはなく、播磨国佐用《さよう》郡上月《こうづき》城（現・兵庫県佐用郡佐用町）に入城していた鹿介は、毛利氏と戦ったものの、ついには開城を余儀なくされる。

主君勝久は自刃。鹿介は投降して、なおも毛利家首脳部の暗殺を企てるが、安芸への護送の途中で殺害されてしまう。天正六年（一五七八）七月十七日のことであった。享年は不詳だが、三十四とも伝えられる。

幸いにして母なみは、尼子氏が毛利家の軍門に降るのをみることなく、胸を病んでそれ以前に没したと伝えられている。もし、鹿介にこの母がなければ、彼の名は後世にとどめられることはなかったであろう。

もっとも、それが鹿介本人にとって、幸福であったかどうかは別問題ではあるが。

歴史上の人物の評価は、ことほどさように、時代と世相によって浮き沈み《アップダウン》した。

ちりぬべき時を知っていた、細川ガラシャの生涯

天正十年（一五八二）六月、本能寺に主君である織田信長を討った明智光秀は、わずか十一日、〝天下〟に君臨しただけで、羽柴（のち豊臣）秀吉によって山崎で討ち滅ぼされた。世にいう、〝三日天下〟である（実際は十一日間）。

細川忠興《ただおき》の妻・お玉は、新井白石の『藩翰譜《はんかんふ》』によると、「光秀の第三女なり」とある。次女、四女とする説もなくはないが、ともあれ父の弑逆《しいぎゃく》のとばっちりを受け、彼女は一時、丹後国三戸野《みどの》（現・京都府京丹後市弥栄町須川味土野）の山中に軟禁された。

このとき、主家を思ってか、わが身可愛さのあまりか、家臣の多くは、

「細川家に難がおよばぬように――」

との口実で、お玉に自害するようにすすめたという。それに対してお玉は、

「今ここで自殺することは、父に対する孝道には適《かな》うものの、夫・忠興の命《めい》を待たずに事を行うこととなり、妻たる道を破ることになります」

そういって、自殺を拒否しつづけた。

が、父を見殺しにした夫への不信や精神的焦燥もあってか、お玉はキリスト教に接近。

天正十五年、夫・忠興が九州遠征に出陣した留守に、京都の南蛮寺を密かに訪れ、本格的

な信仰生活に入った。そして、洗礼を受けて〝伽羅奢《がらしゃ》〟（神の恩寵《おんちょう》）と称するようになる。

彼女をキリシタンたちは、

「天性の国色、容貌の美麗比倫《ひりん》（たぐい）なく、精神活発、穎敏《えいびん》（すぐれて賢い）、果決、心情高尚にして才知卓越せり」（『日本西教史』）

と絶賛していたようだ。

しかし、凱旋した夫・忠興は、主君となった豊臣秀吉のバテレン追放令に遠慮して、お玉に棄教を迫る。もとより、彼女は同意しなかった。

そうこうするうちに秀吉も亡くなり、慶長五年（一六〇〇）の関ヶ原の戦いとなる。

石田三成が徳川家康を討つべく挙兵したのだが、三成はその手はじめに、大坂に居住する家康方諸将の妻子を大坂城中に人質として取り、大名たちに翻意させて家康を孤立させようと画策した。

七月十七日、人質として大坂城内に移るか否か、その最終回答が三成側から迫られた。

このおり細川家の屋敷には、お玉ことガラシャのほか、次女の多羅《たら》、三女の万《まん》、忠隆《ただたか》（忠興の長子）の正室・千世《ちよ》姫（前田利家の娘）、忠興の伯母（叔母とも）・宮川殿（武田信繁の後室、七十余歳）の女性ばかりに、少数の老臣と侍女がいるだけであった。

忠興は徳川方についている。人質を取るのは、戦国時代の常套手段——事態を先刻承知していたのであろう、忠興は会津への出陣を前に、留守家老・小笠原少《しょう》（松）斎《さい》、河喜多《かわきた》石見《いわみ》に、そのときは妻を殺すようにといい含めたという。

ガラシャは、それを知っていたのであろうか。二人の姫を大坂教会のオルガンチノ神父に預け、伯母と嫁は隣接する宇喜多家の屋敷へ逃避させる（宇喜多秀家は三成方）。

露をなどあだなるものと思いけん
我が身も草に置かねばかりを

そして急ぎ一句を詠み、侍女の霜を呼び寄せてこれを手渡すと、次のように命じた。

「火の手をあがるを見れば、袋を頭に被《かぶ》って婢女《はしため》の体《てい》をなし、逃がれ出て、ことのあらましを我が君に告げよ」（『明良洪範《めいりょうこうはん》』）

ガラシャはついで、老臣たちを呼ぶと、

「わたしは先年、父・光秀伏誅《ふくちゅう》のおり、自害をすすめられましたが、与市郎（忠隆）が幼年であったため、ご成長を見届けて殿にお返しし、その後にいかようにも身を処するつもりでおりました。いま、このときに臨み、驚くこともありませぬ。潔く、死につこうと思います」

と覚悟のほどを述べ、衣服を改めて、十字架を安置する一室に入ると、祈りを捧げつつ、小笠原少斎の手にかかって生涯を閉じた。ときに、ガラシャは三十八歳であった。

「少斎長刀《なぎなた》ニテ御介錯致シ申サレ候事」(『霜女覚書』)

とある。辞世の歌としては別に、

ちりぬべき時知りてこそ世の中の
　花も花なれ人も人なれ

が伝えられている。

老臣たちはガラシャの死を見届けると、屋敷に火を放って切腹して果てた。押しかけた三成の手兵はなすこともなく引き揚げ、以降、諸大名の夫人を人質とするのを取りやめたという。翌日、ガラシャの遺骨は崇禅寺(現・大阪市東淀川区)に埋葬された。妻の悲報に接した忠興は、声をあげて泣いたという(『細川家記』)。

それにしても哀れなのは、ガラシャである。己れのあずかり知らぬ事柄に翻弄された生涯。戦国の女性の悲劇が、この薄幸の美女一人にすべて凝集されているような気がする。

大坂城の〝おんな城主〟淀殿の不思議さとは?!

〝おんな城主〟などと、事々《ことごと》しくいうと、何かしら特別な存在のように、聞こえるかもしれないが、戦国時代――のみならず、日本の中世全体において――女性にも男性と同様に、父母の財産を相続する権利が広く認められていた。

一般に思い込まれている封建制の時代は、男子の嫡子が単独ですべての財産を相続し、それ以外の男子は家来同様にあつかわれるイメージが強い。ましてや女子には、何の相続権もない、との思い込みである。これは決して間違ってはいないが、徳川家康が天下を取り、江戸に幕府を開いて以降に、ようやく形づくられたものでしかなかった。

それ以前は、まったく違う形態――男女対等の時代がつづいていた。

その証左に、戦国最後の戦い＝大坂の陣で、家康が攻め滅ぼそうとした大坂城の城主は名目上、豊臣秀頼であったが、実質は〝おんな城主〟の淀殿であった。織田信長の妹を母に、北近江（現・滋賀県北部）の戦国大名・浅井長政《あざいながまさ》を父に持つ彼女は、父母の実家を失い、継父の柴田勝家も滅んだため、いかなる相続権も有していなかった。

だが、豊臣秀吉の愛妾《あいしょう》となった彼女は、秀吉から、山城国久世《くせ》郡に淀城《よどじょう》（淀古城《よどこじょう》＝現・京都府京都市伏見区）を与えられ、「淀《よど》の方《かた》」と呼ばれるようになり、それがいつしか自身、

「淀殿」と呼称されるようになった。

淀城の〝おんな城主〟となった時点で、彼女は淀城につめる将兵を支配し、その人件費も含め、あらゆる運営経費のもととなる土地や収入全般を、ことごとく相続している。

ついで、大坂城は彼女の息子秀頼が相続したものの、その時点で彼は幼く、中継《なかつぎ》相続として、淀殿が大坂城に関するすべてを一度、秀吉より相続したと考えても間違いではなかった。さらには、大坂城に暮らすようになっても、淀殿には淀城以来の収入が別途、並行して保証されており、侍女のみならず直属の武将・兵卒までもを、彼女は独自にもっていたのである。

秀吉の死後、〝おんな城主〟として大坂城内にあった淀殿——この女性はそれにしても、実に不思議な存在であった。なにしろ、その権威の公的な裏づけを、彼女はもっていなかったのだから。

たとえば秀吉の正室・北政所は、従一位《じゅいちい》准三后《じゅさんごう》で、朝廷における関白夫人《ファーストレディ》としての資格を有していた。が、一方の淀殿は無位無官であり、公式の場では秀吉はおろか北政所とも同席することのできない存在であった。

拠《よ》りどころはたった一つ、その産んだ秀頼である。

正二位右大臣（慶長十年に叙任）の秀頼は、豊臣政権の、唯一の正統後継者であり、征夷大将軍の徳川秀忠より官位も地位も上にあった。

その生母であるということだけが、淀殿の存在をきわだたせていた。

あるいは、織田信長の姪――信長の妹・お市の方の三人の娘の長女であったことも、淀殿には矜持《きょうじ》となっていたのかもしれない。この氏素姓は、世間も知っていた。

問題はこの淀殿に、どれほどの世間智（実社会を生きていくうえでの経験、知恵）があったかという点であろう。

戦国時代がおわって、家康の幕藩体制が完成してのち、女性は三界《さんがい》に家なし、となり、生まれては父（育っては兄）、嫁《とつ》いでは夫、老いては嫡男に面倒を見てもらう受け身の存在となった。

淀殿は外見は戦国女性ではあったが、内面は江戸女性そのものであったように思われる。

戦国女性は〝おんな城主〟でなくとも、城主の妻であれば、夫と並ぶほどの発言力を持っていた。家臣の人事権しかり。

城をあずかる立場の妻たちは、夫のみすごしがちな細かい点まで目配りし、その代理がつとまった。否、城代がつとまらない女《ひと》は、城主の妻――大半は正室――にはなれなかった、といった方が正しいかもしれない。

淀殿は一人の女性としては美しくあったろうが、機知に富んでいたり、個性豊かな〝おもしろ味〟のある女性ではなかったようだ。

何一つ、その種の挿話がない。あるいは淀殿は、天下人となった父母の仇敵《きゅうてき》の側室となり、二度もその子を生んだことに、内心、忸怩《じくじ》たる思いがあったのだろうか。

天正十七年（一五八九）に一人目の鶴松を産んだが早世してしまい、文禄二年（一五九三）に秀頼を産んでいる。

慶長三年（一五九八）八月に秀吉が没すると、淀殿は秀頼の後見として大坂城に入った。正室である北政所は淀殿に遠慮して、城を去って尼となり隠棲《いんせい》している。

今一つ、淀殿には気鬱《きうつ》（ヒステリー）の持病があった、と当時の天下の名医・曲直瀬道三《まなせどうさん》は証言している。気分が沈み、手足が動かなくなり、体が氷のようにつめたくなった、という。

秀吉という最大の保護者を失ったため、あれこれ思い悩んでも、心から安心することができず、そのため発作がときどき出たようだ。

それはさておき、大坂城での淀殿は、城の巨大さに安住し、関ヶ原の合戦によって天下の趨勢《すうせい》が徳川家康に移ったのちも、その事実をどうしても、認めることができなかった。

天下の権を失い、摂津・河内・和泉（現・大阪府南部）の六十余万石の大坂城主という一大名に転落しても、家康が征夷《せいい》大将軍に任じられて幕府が江戸におかれても、これらは秀頼が成人するまでの臨時の処置と思い込もうとし、徳川家に膝を屈して母子が生き残る方法を、最後まで見い出そうとはしなかった。

一方で、あるいは英邁であったかもしれない秀頼を、完全に己れの支配下におき、〝おんな城主〟として武将の嗜みを否定し、わが子を公家の代表者とすべく学問を修めさせた。それが結果として、秀頼を去勢《きょせい》させる日々となってしまう。

家康はわが子・秀忠に将軍職を譲ったあとも、駿河にあって大坂の動静を見守っていたが、ついに慶長十九年十月、大坂征討に乗り出し、冬・夏の両陣によって、豊臣勢力を完《かん》膚《ぶ》なきまでに叩きのめし、ついには豊臣家を滅亡させた。

天正二十年（一六一五）五月八日、淀殿と秀頼は大坂城内の山里曲輪《くるわ》において、火炎の中で自刃して果てた。淀殿にはおそらく、家老にすぎない家康に裏切られた、との怒りしかなかったのではあるまいか。淀殿は四十九歳、秀頼は二十三歳であった。

大坂城には、表も奥も、すべてを取りしきることのできる人物がいなかった、ということであろう。

これこそが、関ヶ原以降の大坂方の不幸の根元であったかもしれない。

戦国最強の〝おんな城主〟・妙林尼とは?!

淀殿が〝おんな城主〟の失敗例ならば、第二章でみた九州の覇王・大友宗麟《そうりん》（諱《いみな》は義鎮《よししげ》）のもとにあった、〝おんな城主〟吉岡妙林尼《みょうりんに》は真逆の見本といえるかもしれない。

なにしろ彼女は、戦国時代最強の女性といえた。その凄まじいおこないを後世からながめれば、妙林尼は風姿（姿、みなり）に似合わない女性であったことは間違いあるまい。

彼女の主君宗麟は、毀誉褒貶《きよほうへん》のはげしい人物ではあったが、永禄二年（一五五九）、三十歳にして九州九ヵ国のうち六ヵ国（豊後・豊前・筑前・筑後・肥前・肥後）を打ちしたがえた才覚は、尋常なものではなかったろう。

ところが、キリシタンに転向し、神社仏閣を破壊したことから人心を失い、晩年には豊後一国（現・大分県の大半）を守るのさえおぼつかなく、ついには天正十四年（一五八六）、四月、宗麟は大坂城で羽柴秀吉（この年の九月、「豊臣」姓を賜わる）に謁見し、助けを求めることとなった。これまでにもみた、秀吉の九州征伐はその結果である。

この落日近い宗麟の支配地に、豊後鶴崎城（現・大分県大分市鶴崎）という小城があった。もっとも、城とは名ばかりの粗末なもので、城の東西を大野川と乙津《おとづ》川が流れており、北は海に面していたため、守りやすい利点が多少はあった。

天正十四年十一月、この小城に強豪島津勢三千余が進攻してきた。鶴崎城にはこのとき、五百にも充たない農兵と女子供しかいなかった。しかも、城で采配を振るうべき城将は、四十余歳の尼僧ときていた（別説に七十前後とも）。

とても、戦えるような状況にはなかったろう。

この尼僧は、日向（現・宮崎県）の高城《たかじょう》・耳川《みみかわ》の合戦において、強豪島津軍と戦い、壮絶な戦死を遂げた大友宗麟配下の、吉岡宗歓《そうかん》（諱は長増《ながます》・号は別に宗歓《そうかん》とも）の嫡子・掃部《かもんの》介《すけ》鎮興《しげおき》（前名・鑑興《あきおき》）の妻であった。夫は三十歳で死に、若い身で後家となった彼女は、髪をおろして妙林尼と称することになる。彼女には、十歳の子・統増《むねます》が遺されていた。

無論、十歳の少年に城将はつとまらない。が、壮年の城兵が城に居なかったのは、それが原因ではなかった。耳川の決戦で思いがけない大敗北を喫した宗麟が、北上をつづける島津軍に対して、せめて豊後だけでも死守せんものと、弱気になって、配下の部将たちことごとくを臼杵《うすき》の丹生島《にゅうじま》城（現・大分県臼杵市臼杵）に集結させたためであった（部将の立花宗茂と養父・戸次《べっき》道雪、実父・高橋紹運は博多、大宰府を死守すべく出陣中）。

妙林尼の一子・統増までもが、彼の地に召されていた。本来ならば島津勢に対して、鶴崎城は開城降参以外に方法はなかったろう。

ところが妙林尼は、男顔負けの智力をふり絞って、籠城戦《ろうじょうせん》を敢行する。

塀を補強し、堀を深くつくり直し、柵の外には幾つもの落し穴を掘り、島津軍を待ち受けた。十二月十二日、ついに敵軍が姿を現わす。妙林尼はできるだけ敵を引きよせ、そして鉄砲を撃ちかけた。また、思わぬところに伏兵を置き、夜襲も敢行。城方は女子供と高を括《くく》っていた島津軍は攻めあぐね、そのために城はなかなか落ちなかった。

〝おんな城主〟妙林尼はというと、着込みの上に陣羽織を着用。鎖鉢巻に薙刀《なぎなた》をたずさえ、城内をわずかばかりの城兵を叱咤激励してまわっていた。

攻防数日に及び、島津勢は戦術をかえる。城内の中島玄佐《げんさ》（玄佳《げんけい》とも）、猪野道察《いのどうさつ》らに賄《わい》賂《ろ》を贈って、内通をすすめたのであった。事態を察した妙林尼は、「もはやこれまで」と、今度はあっさり開城にふみ切る。興味深いのは、開城後の彼女の行動であった。

城下に足止めされていた妙林尼のもとに、時おり訪れる城内の島津の将兵たち――なんと彼女は彼らに酒や手料理を振る舞い、唄や踊りまで添えて歓待した。島津方の将と、ねんごろになったとも。こうなると島津方も、妙林尼に親近感を抱くようになる。

ところが、明けて天正十五年（一五八七）となり、この三月、豊臣秀吉がいよいよ島津討伐のために九州入りする、との情報がもたらされると、妙林尼は豹変する。

一度本国に帰って態勢を立て直すという島津の将兵たちに、妙林尼は送別の宴を開いてやり、宴会慣れしていた彼らがしたたかに酔い、正体を失ったその直後、彼女はかねてからの手はずに従い、わずかな軍勢を率い、乙津川のほとりに彼らを急襲した。帰国に心奪われ、酔って五感があやしくなっていた島津の将兵は、なすすべもなく討たれていく。

妙林尼があげた首級は、六十三個。味方の戦死は一名のみであった。

彼女はその首級を、臼杵城にいる宗麟に送り届けた。

宗麟はしばし絶句し、そのあとでこの快挙に対して、

「尼の身として希代《きだい》の忠節、古今の絶類なり」

と誉称《ほめそや》し、息子統増にも恩賞を与えたと伝えられている。

のちに秀吉が、その活躍ぶりを聞き、ぜひとも恩賞を取らせたい、と妙林尼に使者を送ったが、彼女は固辞して、そのまま消息を断ってしまった。

鶴崎城はその後、加藤清正が修復のうえ、支城に使おうとしたが果たせず、江戸時代に入って肥後（現・熊本県）の三代藩主・細川綱利《つなとし》によって塁壁が毀《こわ》され、その跡に宿所が設けられた。現在、わずかに大分市内に「鶴崎」の地名のみが残っている。

おそらく戦国時代を通して、一番多くの敵将の首級をあげたのは、この妙林尼であったのではあるまいか。

立花宗茂を支えた〝おんな城主〟は戦国最強?!

日本史の奇蹟は、戦国時代末期にひとりの武将――立花宗茂《たちばなむねしげ》をもちえたことではないか、と筆者は思ったことがある。この人物については、第二章ですでに述べた。

蒙古襲来以来、武辺者が全国から選《えり》すぐられ、投入された九州――この大雄小傑《たいゆうしょうけつ》雲のごとくといわれた地域で、宗茂の強さは群を抜いていた。

彼は、天正九年(一五八一)十月、十三歳のおりに、実父・高橋紹運(鎮種《しげたね》)と同じ、大友家の重鎮・立花道雪(鑑連《あきつら》)にたってと望まれ、養子となったが、このおり娶《めと》った道雪の実娘・誾千代《ぎんちよ》も、確かな記録に残る〝おんな城主〟として、特異な存在であった。

彼女は、筑前(現・福岡県北西部)の立花城に生まれていた。ひととなり、英邁《えいまい》活発にして慈愛に富めり、と伝えられている。

誾千代は男子のない道雪にとって、女ながらの世子であった。そのため、父から徹底した文武の教育を施される。

道雪は生涯三十七度の合戦に一度も負けたことがない、といわれる名将で、その勇猛さには類がなかった。なにしろその武勇は、遠く甲斐国(現・山梨県)まで響いており、

「一度会うてみたいが、あまりにも遠く離れているゆえ、それもかなわない」

と、かの名将・武田信玄が言って、道雪に、

「何とかお会いできないだろうか」

と手紙を送ったという逸話が残っている（『浅川聞書《あさかわききがき》』ほか）。

また敵陣に、「参らせ戸次伯耆守《ほうきのかみ》（道雪）」と書いた矢を射込むと、その勇名に恐れをなした敵兵は、それだけで大混乱に陥り、直後に突撃してきた道雪の本隊に、あっけなく蹴散らされたという。

そんな道雪であるが、人生の後半は駕籠《かご》に乗って、戦《いくさ》の指揮を取っていた。

「若かりし時、雷に震《うた》れ、足痿《あしなえ》歩行心《こころ》に任せず、常に手輿《てごし》に乗れり」（『常山紀談』）

『名将言行録』ではその原因を、「雷切《らいきり》」の逸話で説明していた。

一説に、天文十七年（一五四八）六月五日のこと、と伝えられる。当時三十六歳（他説もある）の道雪は、宗麟の九州制覇の戦《いくさ》に重用されていた。

その日はとても暑く（旧暦の六月は真夏）、道雪は大木の下で涼み、昼寝をしていたという。

すると一天にわかにかき曇り、急な夕立と激しい雷が襲いかかった。雷が鳴っているときに、大木の下に居るのは危ない、と道雪も知ってはいたが、彼は、

「面白い、一つ雷と勝負してやれ」

と、枕元に立てかけていた千鳥の太刀を抜き、身構えた。

まさにその時、大木に雷が落ち、道雪は、「やあっ！」と斬りつけ、確かな手応えを感じながら飛び退いた。

しかし雷は斬られながらも、なお道雪を撃ち、その脚を立たなくしてしまったという。

後日、刀を見ると、確かに雷に撃たれた跡があったことから、このち「雷切《らいきり》の太刀」と呼ばれるようになったという。

この「雷切」は婿＝養子の立花宗茂に譲られ、宗茂の代、あるいは次代の忠茂に脇差として磨り上げられて、現在も柳川の立花家史料館に現存している（雷切丸《らいきりまる》ともいう）。

脚が不自由になった後も、道雪の勇猛さは以前とまったく変わりがなかった。

二尺七寸（八十センチ余）の太刀（「雷切」か）と鉄砲一挺を駕籠（輿《こし》であったとも）に入れて、腕貫《うでぬき》（腕を入れる輪）を付けた三尺（約一メートル）の棒で、駕籠を「えい、とう、えい、とう」と叩きながら拍子をとり、進軍の指揮を取った。

戦局が劣勢になると、常に自らの駕籠を最前線に突っ込ませて、「生命《いのち》が惜しい者は、我が輿を置いてそのまま逃げよ」と督戦した。大将の乗った駕籠を置きざりにして逃げたとあっては、武士の名折れである。皆、死に物狂いで戦い、ついに勝利を手にしたという。

――誾千代は、その血を分けた娘であった。

朝鮮の役のおり、彼女に関する挿話《エピソード》が語られていた。

朝鮮半島へ宗茂が出兵中で留守なのを承知で、好色で名高い秀吉から、閭千代に名護屋《なごや》城へ伺候《しこう》（ごきげんうかがい）するように、と達しが来た。細川ガラシャにも秀吉は使った手だ。

伺候を命じられたガラシャこと玉《たま》は、断わりもいえず、さりとて秀吉の人身御供《ひとみごくう》になるわけにもいかず、考えあぐねた末に一計を案じた。あるいは、舅《しゅうと》・細川幽斎の入知恵であったかもしれない。

相好を崩す秀吉に、恭しく平伏した彼女は、帯の間から白鞘の短刀を落としてみせたのである。無論、わざとであった。秀吉はその短刀がどのようなことを意味するか、瞬時に悟ったようだ。その場を繕うと、再び玉を召し出すことはなかった。

もっとも、これは後世の作り話の類いであろう。

『松浦拾風土記《まつらしゅうふどき》』という、後年に著わされた書に拠《よ》れば、玉とまったく正反対の結末に終った、哀れな大名の奥方の話が載っていた。

名護屋にほど近い、岸岳《きしたけ》城主・波多三河守信時の妻・秀の前《ひでのまえ》は、玉とは別に、美貌の聞こえが高かった。秀吉はぜひにと、城内に召し出した。聞きしにまさる、絶世の美女である。秀吉は、酒宴のあとで帰城を願い出た秀の前に、三河守に陰謀の企てあり、との作り話をして、城内に秀の前をとめ置こうとした。

　進退きわまった秀の前は、いっそこのうえは自害をと、懐剣を取り出したものの、なんらの申し開きもせずに自害しては、異国で戦っている夫・三河守にどのような難儀が及ぶやも知れない、そう思うと、死ぬにも死ねない。そこで、改めて帰城を願い出るべく秀吉の前に出たのだが、このとき不覚にも、座敷の敷居に懐剣を落としてしまった。

　さて、秀吉はどうしたか。玉のときとはまったく異なった反応を示したのである。

「場所柄をわきまえぬ不屈者め、尋問の事も重ねて沙汰に及ぶべし。城へ戻って、三河守の帰着を待って謹慎しておれ」

　激怒して秀の前を、岸岳城へ帰らせた。

　さらには、朝鮮から呼び戻された三河守は、秀の前に会うことすら許されぬまま、即刻、常陸（現・茨城県の大半）の筑波山麓に配流となってしまう。岸岳城は没収。秀の前は、実家の龍造寺《りゅうぞうじ》家に帰されたという。

　彼女は以前、小田《おだ》鎮光《しげみつ》という前夫を失っており、この度のこともあって自刃して果てたという説があった。もう一つ、秀の前は妙安尼と名乗って、三河守の死後、二人の夫の菩提を弔いつつ、寛永元年（一六二四）まで生きたとも伝えられている。

　後者の説に従えば、彼女の享年は九十九となった。

さて、誾千代である。家臣は青くなったが、彼女は少しも慌《あわ》てず、薙刀を携え、襷《たすき》がけに鉢巻をした姿で秀吉の前に伺候した。これにはさしもの秀吉も、度肝《どぎも》を抜かれたようだ。

「戦時下に、かくあるは立派な心構え」

と、賞める以外になかったという（異説もあるが）。

立花宗茂の名は、すでに不動のものとなっていた。おそらく秀吉も、誾千代には手を出しかねたに違いない。

宗茂と誾千代――二人の夫婦仲は良かったものか、悪かったものか。

文献的には、対立が目立った。

関ヶ原の合戦が起きる前、誾千代は夫へ、家康殿の東軍へ味方するように、と説いたという。宗茂は西軍につくのが筋だ、と三千九百の兵を従え、大坂に馳《は》せ参じている。

にもかかわらず、味方の西軍が敗れ、宗茂は敗走したという報が誾千代のもとに届くと、彼女はすぐさま戦《いくさ》支度を整え、夫の宗茂を救出に出動し、そのおかげもあって宗茂は、無事柳河へ帰りつけたとも。

誾千代はさすがに、名将道雪の娘、〝おんな城主〟であった。

このおりは、紫威《むらさきおどし》の鎧《よろい》に身を固め、別働隊を組織して海からの侵略者に備え、隣家の鍋島軍が海から来襲したおりにはこれらを押し返し、加藤清正が二万の兵で様子見に迫っ

たときも、敢然と江の浦街道に立ちはだかっている。清正はこの誾千代の姿に感動し、

「さすがは立花の女城主、あたら兵を損ねることもあるまい」

と道を迂回したという。

十一月十五日、柳河城は開城したが、このおり誾千代は信仰する太郎稲荷に、

「わたしの生命《いのち》に代えて、夫・宗茂を再び世に送り出し給え」

と願《がん》を掛けたという。それが原因であったかどうか、二年の後、慶長七年十月十七日、彼女は病を得て三十四歳の生涯を閉じてしまう。

それから、宗茂はどうしたか。このことについては、すでに第二章で述べている。

宗茂の奇蹟＝関ヶ原に敗れながら、かつての采配地に返り咲いた、唯一の例外には、「立花家」の〝おんな城主〟として、素直になれなかった誾千代の、〝内助の功〟も深く与《あずか》っていたように思われる。

戦国最強?! 女将軍・甲斐姫

妙林尼、立花誾千代とみてきて、ふと、では戦国最強の女性は誰か、と考えた。

個人の戦闘能力において、加えて美貌と才覚の三拍子を備えた女性となると、東国では甲斐《かい》姫ではあるまいか。

『藩翰譜《はんかんふ》』や『成田系図』などには、関東・北条氏の支城・忍《おし》城（現・埼玉県行田市）の城主・成田氏長《うじなが》の女《むすめ》とあった（一説には妹、あるいは成田長泰《ながやす》の女《むすめ》とも）。

一躍、甲斐姫の名が世に知られたのは、秀吉による〝小田原攻め〟のおりであった。

小田原城主・北条氏政に味方すべく、氏長が麾下《きか》の精鋭三百五十騎を率いて出陣するにあたり、忍城の後事を託されたのが、その正室と長女の甲斐姫であったという。

本来なら男子を城主にして出陣したかったのだろうが、残念ながら氏長には男子の世継ぎがいなかったようだ。いずれもが、腹違いの娘ばかりが三人――。

とはいえ、甲斐姫は父・氏長も驚嘆するほど文武に秀でていたから、後顧の憂いはなかったであろう。ときに、伝えられる甲斐姫は十九歳。

氏長は出陣に際して、わが娘に念を押していった。

「姫は軍事に明るく武勇も衆に抜きん出ている。しかし、忘れてならぬのは、姫が女であることだ。勇にまかせて無闇《むやみ》に戦い、万一、身分卑しき者の虜《とりこ》にでもなろうものなら、その身の恥辱だけではすまされない。成田家末代までの傷となろう。よくよく城を固めることに専念し、小田原からの指図に従うように」

そして忍城には、城代・成田泰季《やすすえ》が三百の将、四百余の兵とともに残された。

ところで、現在の埼玉県の地図を展《ひろ》げてみると、行田市が新旧の利根川、荒川が平行して流れる地にあり、忍城はその西方の一画を占めていたことが知れる。

また、行田駅近くの忍城跡=水上公園を訪れると、かつての忍城が〝浮城《うきしろ》〟であったこともうかがえた。浮城とは、城砦が水上か河川の中洲、もしくは湿地（深田《ふけた》、沼沢地帯）に築かれ、城砦の守りの主体を水もしくは湿地に求めたものをいった。

忍城は浮城であるとともに、関東七名城の一つに数えられる堅城でもある。秀吉軍の来襲に備えて、城を取りまく沼沢や深田が掘り下げられ、深濠がつくられ、周囲には土塁が巡らされた。甲斐姫の武勇は一面、この名城によって支えられたともいえる。

敵の攻撃を避けて百姓、僧侶らとその家族が入城し、城には三千人もの非戦闘員が収容されて、甲斐姫が総大将として采配を振るうこととなった。

六月に入ると忍城には、秀吉方の石田三成を総大将とする大谷吉継、長束正家《なつかまさいえ》らの軍勢が押し寄せてきた。彼らは忍城への途次、北条氏政の弟・氏規《うじのり》の籠る館林城を攻め、勢いに乗ってすでに降っていた佐竹、宇都宮、結城《ゆうき》、佐野などの軍兵をも加えて、総勢は約一万五千となっている。

だが、忍城は名だたる堅城——一気呵成の力攻めを試みた三成は、城方が寄手を引きつけての一斉射撃と、鉄砲に浮き足立つ攻城軍につけいる攻撃によって、容易に城内に突入できず、逆に翻弄されるありさま。

城方の総大将・甲斐姫は城内にあって、ときに白鉢巻に襷《たすき》姿も凛々《りり》しく、薙刀《なぎなた》を小脇に城兵を鼓舞したから、城内軍兵の士気はますます盛んであった。

かくして三成は忍城を攻めあぐね、ついに尋常の手段では落とせないと判断するや、水攻めの戦法を採用する。秀吉の備中高松城攻めを真似たのであろう。

周辺の村々の農夫が徴用され、昼は一日一人につき米一升と銭六十文、夜間は米一升に銭百文の日当で、昼夜兼行の土堤づくりがおこなわれた。

采配を振るうのは、自他ともに豊臣家随一の智恵者とされる石田三成である。

工事は予定通り、五日間で完成した。

六月の長雨は、いたるところで河川の増水・氾濫《はんらん》となって、さしもの忍城も濁流の藻屑かと見えた矢先、完成した土堤は随所で決壊。攻囲軍に三百人もの、溺死者を出すありさまとなった。またしても、忍城攻撃は失敗した。

三成はさらに浅野長政、真田昌幸らの援軍を得て、強襲につぐ強襲を繰り返したが、忍城はついぞ落ちなかった。

それもそのはず、烏帽子《えぼし》形の兜に小桜縅《おどし》の鎧、猩々緋《しょうじょうひ》の陣羽織の甲斐姫が、成田家伝来の名刀〝浪切《なみきり》〟を腰に、金覆輪《きんぷくりん》の鞍をつけた黒駒にまたがり、銀の采配を携え、絶妙のタイミングで迎え撃つので、従う数百の城兵、非戦闘員たちはこの女城主の姿に憧憬を抱くとともに、勇気を奮い立たせて、生命《いのち》懸《が》けで戦ったのである。

甲斐姫は善戦した。が、この間に肝心の小田原城が陥落。七月十六日、甲斐姫は父・氏長の説得で、ようやく三成に城を明け渡した。

甲斐姫がのちに秀吉の側室となったことは先にも述べた。父の氏長は下野烏山《しもつけからすやま》城主に取り立てられ、文禄四年（一五九五）にこの世を去っている。

男子がいなかったため、本来なら領地没収となるところだったが、秀吉に懇願した甲斐姫の尽力によって、氏長の弟である泰親《やすちか》の相続が認められた、と『行田史譚』その他は記録している。

山内一豊と妻・千代、〝内助の功〟の真相とは?!

戦国武将・山内一豊《やまうちかずとよ》は、槍一筋の境遇から土佐一国（現・高知県）二十万二千六百石余の大名に成りあがった。

だが、多くの物語は、その成功を、〝良妻〟による〝内助の功〟に求める傾向が強い。

いわく、妻・千代が嫁いできたおりに、母より託された「鏡奩《かがみばこ》」に秘した黄金十枚を使って、夫・一豊のために名馬を購《あがな》い、それによって織田信長の馬揃えで面目を施した一豊は、出世の糸口をつかんだ、というものである。もとより、これは史実ではない。

信長の時代に黄金は流通しておらず、そもそも「金」では馬は買えなかった。かりに物好きがいて購入できたとしても、金一両は現在の貨幣価値でせいぜい六万円程度。十万円としてみても、十両で百万円にしかならない。信長の馬揃えは天正九年（一五八一）二月に京都で行われているが、この頃、一豊はすでに四百石取りの中級将校となっている。妻のヘソクリがなければ、名馬とはいえ馬一頭が手に入らなかったとは思えない。

そもそも、一豊は信長の家臣ではなく、信長に滅ぼされた岩倉城主・織田信安の重臣の家系であり、父と兄を失って近隣を巡ってのち、最初から木下藤吉郎（のち豊臣秀吉）に仕えており、信長からすれば〝又《また》もの〟といわれる陪臣であった。

名馬を買った話は創り話だが、一豊夫婦の協力、〝内助の功〟には原型が存在していた。

挿話のもとをたどっていくと、信長の北陸再進攻の頃、天正元年にいきあたる。

一度、越前（現・福井県中北部）の朝倉義景《あさくらよしかげ》を攻めながら、浅井長政《あざいながまさ》の裏切り、挟撃に遭い、金ヶ崎《かねがさき》（現・福井県敦賀市金ヶ崎町）で袋の鼠となった信長は、味方を置き去りにして京都へ逃げ戻ると、再度、朝倉を攻めることになる。

この年に結婚していた一豊は、分不相応に多くの家来を抱え、日常生活にも事欠くありさまであった。その家来の手当てに行き詰まり、自らの軍備を整えることができず、

「もはや死ぬしかない」

と思いつめた一豊に、妻は母が臨終のおり、「大事の場合に――」と遺言した「鏡奩《かがみばこ》」を開いて、「黄金三枚」を取り出し、夫の窮状を救ったというのだ。

これは『治国寿夜話《ちこくことぶきやわ》』『校合雑記《きょうごうざっき》』にある話で、十二分にあり得た。

おかげで支障なく合戦に参加した一豊は、同年八月十四日の刀根坂《とねざか》の戦いで、越前朝倉家にあって聞こえた強弓の敵将・三段崎勘右衛門《みたざきかんえもん》を討ち取る大武功をあげる。これによって加増を受け、近江国唐国《からくに》（現・滋賀県長浜市唐国町）において四百石取りとなったわけだ。

もし、妻の内助の功がなければ、この加増まで辿りつけたかどうか――。

なにしろ、功名はいつ、何処でおとずれるか知れたものではなかった。

その後、秀吉の天下取りに従い、一豊も累進していく。主君秀吉の死後、関ヶ原の決戦前夜には、遠州掛川（現・静岡県掛川市）に六万石を領する大名にまでなっていた。

――この関ヶ原に関しても、一豊の賢妻伝説はつきまとった。

いよいよ明日は、下野《しもつけ》小山《おやま》（現・栃木県小山市）で軍議が催されるという前日の七月二十四日、一豊の許《もと》に家臣が夫人からの文箱《ふばこ》を持参する。併せて、笠《かさ》の緒《お》に縒《よ》り込《こ》んだ密書を、一豊に手渡した。それには妻の直筆で、

「大坂のことはご心配に及びませぬ。家康さまに心ゆくまで忠節をお尽くし下さい」

と書かれていたという。

一豊は文箱の中味が、この密書と同じものだと察して、文箱を開封せずに家康に届け出た。一説に石田三成からの、西軍への荷担を説いた密書ともいわれるが、いずれにせよ一豊は、家康に自分には二心のないことを証明したことになる。

家康は一豊の、この好意と忠誠にいたく感激し、関ヶ原の戦いで何ほどの武功もあげていないにもかかわらず、いちはやく土佐一国の主《あるじ》に抜擢《ばってき》したという。

後世に、「笠の緒の文」の逸話として伝えられるものだが、ここでも一豊は〝内助の功〟に隠されて、低く扱われていた。実は彼の最大の功績は、密書に助けられてのものではなく、「小山評定《ひょうじょう》」におけるその発言にあったのである。

軍議の席上、まず福島正則が三成を討つことを表明。これによって豊臣恩顧の大名たちは、一斉に救われた。秀吉の従兄弟である正則が戦うとなれば、秀頼を担ぐ西軍（背後に豊臣家）であっても、心に負担を感じずに戦うことができる。皆がホッとした、まさにその時であった。やおら一豊が立ち上がり、次のように発言した。

「東海道を馳せのぼるには、城と兵糧が必要でござろう。それがし、居城掛川を内府《だいふ》どの（家康）に明け渡し、進呈申し上げる」

それを聞いた諸侯は一様に驚いたが、一呼吸遅れて、一豊の発した言葉の重大な意味合いを悟る。東海道筋の大名たちは争《あらそ》って、同じように城と兵糧を提供する旨を家康に願い出た。結果、家康は労せずして海道筋の主要な城を、瞬時に傘下に置くことができるようになったわけである。

これらの城は、もとはといえば秀吉が、関東に移した家康への押えとして、配置したものであり、関ヶ原の前夜のこの時点でも、家康には命令一下の権限などなかった。

もし、反転して西進するのに時間を費やせば、畿内の情勢は家康にとって、より厳しいものとなったであろう。

この一豊の発言は、決してその妻から助言《アドバイス》を受けたものではなかった。

戦国乱世をたくましく生き抜いてきた一豊は、やはり一廉《ひとかど》の武将であったのだ。ここぞという急所を、彼ははずさなかった。

ただし、一豊のできすぎた発言について『藩翰譜《はんかんふ》』には、浜松城主となっていた堀尾吉《ほりおよし》晴《はる》の子・忠氏《ただうじ》の発案したことを、事前に聞いていた一豊が横取りし、先に述べた旨が記録されている。

『山内一豊武功記』によると、関ヶ原の戦いにおいて、

――御家の士、関原《せきがはら》の働なし。

とある。目立った武功のなかった山内家が、一挙に三倍増もの恩賞＝加増を得たのは、やはり一豊の一言によるものであったことは間違いない。

いかなる急場、土壇場にあろうとも、図太くなにかを掴んで、あるいは災いを転じて福とする人物はいるものだ。一豊も、関ヶ原のような一大決戦に遭遇することがなければ、その分限は決して十万石を越えはしなかっただろう。

もちろんそのためには、日頃から油断のない情勢分析が必要不可欠であった。

おそらく、その中には夫婦の協力関係《パートナーシップ》も、大きな力を発揮したであろう。筆者はその内に含まれた妻の活躍を、否定するつもりは毛頭（全然、少しも）ない。

内助の功で〝加賀百万石〟——前田利家の妻・芳春院

桶狭間《おけはざま》の戦いで今川義元を討った織田信長は、尾張（現・愛知県西部）平定後、清洲城下に織田家の家臣とその家族を移した。

そのとき、前田利家と妻まつの夫婦が住む長屋の隣に、割りあてられた夫婦こそが、当時の木下藤吉郎とお禰《ね》、のちの豊臣秀吉とその正室・北政所《きたのまんどころ》であった。

まつは信長の家臣・篠原主計《しのはらかずえ》の娘で、母は夫・利家の母の姉。天文十九年（一五五〇）に父が没し、母が再婚するにあたって、利家の父・利昌《としまさ》に引き取られていた。以来、前田家で養われ、永禄元年（一五五八）頃、利家に嫁《か》したと伝えられる。北政所はついに秀吉の子を産めなかったが、まつは十一人の子女にめぐまれた。

しかし、まつとお禰は実の姉妹のように仲がよく、そのことがのちにまつの夫・利家に幸いしたといえなくもない。

主君信長を失い、後継者の座をめぐって柴田勝家と羽柴秀吉が争ったおり、両者は賤ヶ《しずが》岳《たけ》の戦いで雌雄を決することになった。このおり、その命運は最前線の利家＝柴田方が握っていたといってよい（関連一四六ページ参照）。

その利家が、ふいに自己の兵を引いて、嫡男利長《としなが》の居城・越前府中（現・福井県越前市）

に入城してしまった。

そのため柴田方は総崩れとなり、やがて敗走。秀吉は勝家を追って北陸へ。その途中、府中の城に立ち寄った。それもひょっこり台所にいるまつを訪ね、冷や飯を所望しながら、利家に味方すべく働きかけたという。秀吉はお禰から、まつの性格を聞いていた。無論、利家の性格は熟知している。

案の定、上司である勝家との関係、また秀吉に味方することへの面子《メンツ》にいまだこだわる夫・利家を、まつは励まし、秀吉軍への積極的参加を促した。

利家は妻の言葉に背中を押されて秀吉方についたが、これがのちの〝加賀百万石〟を築くきっかけとなった。ときに、利家は四十六歳。まつは三十七歳であった。

秀吉はやがて天下を取り、荷担した利家も大いに出世し、北陸に一族で八十三万石余を得た。

が、その影には常に、お禰＝北政所に近侍するまつの姿があった。

まつは戦国生き残りの大名夫人として、ありとあらゆる生命《いのち》懸けの修羅場をくぐり抜けてきた。いつ、いかなる状況になっても、己れを取り乱すということがなかった。

慶長三年（一五九八）、秀吉の死の直前、利家は五大老の一人となり、幼い世嗣の秀頼を後見することになった。ところが、翌四年閏三月、利家自身もあとを追うように六十二歳の生涯を閉じてしまう。五十三歳のまつは剃髪《ていはつ》して「芳春院《ほうしゅんいん》」と号し、夫の冥福を祈ったが、この夫の亡くなった年は、一方で前田家危急存亡の年ともなった。

次の天下を狙う徳川家康は、己れの敵味方の識別に、恫喝をもって臨み、その対象者を縮み上がらせるほどに厳格をきわめた峻別をおこなった。

これまで家康のために、何かと骨を折ってきた細川忠興《ただおき》にさえ、前田利長との姻戚――忠興の長男忠隆に、利家の娘が嫁いでいること――を口実に、謀叛を疑う問責を断行したほどである。

家康はまず、細川家老臣・松井康之《まついやすゆき》(もと将軍・足利義輝の家臣)を呼び、厳しい調子で問責。事態を知った細川家では仰天し、急遽、忠興本人が大坂に赴き、弁明につとめて異心なきことを誓っている。

家康は忠興にたいする不信を解いたが、その裏には忠興が家康の意を汲み、密かに前田利長の許《もと》に使者を遣わし、家康に陳謝するよう勧めた一事があった、ともいわれている。

『前田創業記』によると、忠興からの密書を受け取った利長は、いわれなき濡れ衣《ぬれぎぬ》で加賀征伐を企てた家康に激怒。いそぎ兵を集めると、城砦を修築し、防備を堅固に迎撃態勢を敷いた。利長はこのとき、三十八歳。歴戦の将として、亡き父・利家に従って武功を積み、秀吉の好意もあって従三位《じゅさんみ》中納言の位にあった。

前田家では評定の席上、家臣たちの意見は真っ二つに割れた。利長の言を壮とし、家康のいいがかりを許せぬ、とする者。あくまで主家安泰を願って、ここは膝を屈すべきではないか、と説く者――軍議はいずれとも決せぬまま、刻を費やした。

もしこのままいけば、前田家はこの中途半端な形のまま、家康の軍勢を迎えることになったかもしれない。

危機を救ったのは、「芳春院」であった。彼女はわが子の利長に、そなたの器量では家康どのには勝てぬ、といい切り、実績《キャリア》、貫禄、実兵力などの差を一つひとつ挙げ、前田家を滅亡させぬよう、降参すべしと諫言した。

家康はいう。前田家に異心がなくば、その証として「芳春院」を人質として江戸に差し出すよう、また、徳川秀忠の次女を、利長の弟・前田利常《としつね》に娶らせること――二つはともに家康個人の要求であって、豊臣家の「大老」としてのそれでないのは明白であった。

利長には、わが身を裂かれる思いであったろう。家康の無法な横車をゆるせば、「秀頼公をお守りせよ」という父の遺言にも背くことになる。

だが、利長は俗にいう〝加賀百万石〟実質八十三万五千石の安泰の道を選んだ。

この時、次弟（利家の二男）の利政《としまさ》は、兄の決断に承服しなかった。

「われらが起《た》てば、反徳川の諸侯は一斉に決起するであろう」

利政はそう説いたというが、十二分にあり得ることではあった。

家康が大坂を空けて加賀へ発向すれば、その機会を逃すことなく、石田三成はいうまでもなく各地に、反徳川の狼煙《のろし》があがる。そうなれば、さしもの家康とて、その収拾には難渋したに違いなかった。

もっとも、家康もそれを懸念すればこそ、細川忠興に裏面工作の労をとらせ、他方でお家第一の保守的な前田家家臣には、恫喝をこめての応対をしたのである。

家康は前田利長の器量を、読んでいたのであろう。「芳春院」のことも熟知していたかと思われる。

ともあれ、「芳春院」の決断によって〝加賀百万石〟は救われ、存在したのであった。

豊臣秀吉を天下人へと導いた賢夫人・北政所

夫に代わり親類・縁者を養育する

もし、天下人・豊臣秀吉が北政所＝お禰《ね》を妻にしていなければ、筆者《わたし》はおそらく、日本史上最初の統一政権「豊臣家」は、誕生しなかったであろうと考えてきた。

藤吉郎《とうきちろう》と呼ばれていた秀吉は、尾張国中村在（現・愛知県名古屋市中村区）の百姓（村長クラス）の小倅《こせがれ》であり、お禰は同郷の織田家の足軽の娘であった。

二人は永禄四年（一五六一）八月に、結婚している。秀吉は二十五歳、新妻のお禰は、まだ十四歳にすぎなかった。

当時、秀吉は織田家の小物頭《こものがしら》であり、まだ貧しい軽輩であったが、この夫婦はともに性格が陽気で、秀吉は体は小柄だが地声は大きく、お禰もまたそれに劣らず大きくて甲高い声を出して、よく笑った。そのため、夫婦げんかをすれば、尾張弁丸出しで派手にやりあい、隣近所にも筒抜けであったという。

この仲のよい夫婦は、秀吉が大名となっても二人三脚で、互いを補い合い、助け合った。二人が結婚して十二年目の天正元年（一五七三）八月、主君の織田信長は、自らが滅ぼした北近江（現・滋賀県北部）の戦国大名・浅井長政《あざいながまさ》のあとに、のちの石高にして十二万石相当を分けて、功労者の秀吉をこの地に入封させた（こののち、秀吉は羽柴《はしば》姓を名乗る）。

はじめ小谷城《おだにじょう》（現・滋賀県長浜市）を居城とした秀吉は、翌年、琵琶湖畔の今浜《いまはま》を「長浜」と改め、新しい城を築く。お禰はその統治にも智恵を貸し、夫の政治にも口を出した。たとえば、領地発展を策して当初、城下の商人からの税を免除した秀吉が、それを改めて取ろうとしたおりには、時期尚早《じきしょうそう》だとお禰は堂々の反対をして、夫の方針を撤回させている。

誤解されている方がいまだに多いようだが、戦国時代には女性の相続権が存在しており、男性と対等に話のできる女性は決して少なくなかった。

女性が男性の庇護下に入るのは、江戸時代に入ってからのこと。

「下剋上」で鍛えられた武将の妻たちは、むしろ夫顔負けの采配を振ったものだ。

お禰は一方で、秀吉が掻き集めてきた親戚の子供たち（福島正則《ふくしままさのり》や加藤清正）に台所めしを食《く》わせて、衣服を縫ってやったり、彼らを人がましく一廉《ひとかど》の武士になれるようにと、文武の教育にも目を光らせたりせねばならなかった。

彼女の城主の妻としての玉にきずは、たった一つ、子ができなかったこと。

長浜城主時代の七年間、秀吉には「秀勝《ひでかつ》」（石松丸《いしまつまる》）という子が生まれていた。母はお禰ではなかった。しかもこの子は、生まれて間もなく早逝してしまう。

墓は長浜城にほど近い妙法寺（現・滋賀県長浜市大宮町）につくられ、「本光院朝覚居士《ほんこういんちょうかくこじ》」と刻まれた宝篋院塔《ほうきょういんとう》が建立された。この秀勝の母は、秀吉の最初の側室であった南殿《みなみどの》ではないか、ともいわれているが詳細は不明である。

はじめて生まれたわが子を失った、秀吉の悲しみは想像にあまりあるが、このおりのお禰の心境は、いかばかりであったろうか。

他人の子を育て、秀吉の出世を陰で支えたが……

結局、秀吉夫婦は相談のうえ、主君信長の第四子・お次丸《つぎまる》を養子にもらい受けることとなった。こちらものちに、「秀勝」と称している。

興味深いのは、この養子縁組を最初に考えついたのが、お禰だとの説があったことだ。彼女はもはや、自分には夫の子が産めない、との確信があったようだ。そのことを前提として、では、これから織田家で昇進していく夫のために、自分のやれることは何か、を考えた。信長の子をもらうことは、側室の子にあらぬ感情を抱かずにすみ、なにより夫の将来を保証することにつながる、とお禰は考えたようだ。

秀吉は当初、ようやく幹部になりつつある己れの分限を省みて、

「わしのようなものが、とんでもない」

と妻の思いつきを驚嘆しつつ、主君の怒りを想像して怖れ、否定した。

だが、信長の立場にたてば、功臣秀吉がこの先いくら出世し、彼にどれほど多くの領土を与えても、次代は己れの実子に渡るわけであるから、これは良い縁組といえる。

――お禰の読みは当った。

わが子を養子にやってから、信長の秀吉への待遇は、あきらかに良くなっている。その証左が、織田家の中国方面軍司令官に秀吉が抜擢されたことであろう。

信長も、こうした才覚を働かせた秀吉の正室＝お禰に、一定の気遣いをしている。お禰が秀吉と夫婦喧嘩をしたおり、信長がお禰へ送った手紙――〝剝げ鼠の朱印状〟と呼ばれる――にも、その心情は如実に表われている。

秀吉が浅井・朝倉両氏討滅の功労で、近江一国の城主となってのち――文面からすれば、天正五年（一五七七）前後になろうか。全文を口語訳にして、次に掲げてみる。

そなたのいう通り、今度はこの土地へはじめて来て、会うことができたのは、まずもってめでたいことである。ことに、結構なお土産をいろいろともらい、その美しさは目にもあまり、筆にも尽くしがたい。祝儀のしるしに、こちらからも何か差し上げようと思っていたやさき、そちらから実に見事な品物をもらったため、もはやこちらからはとくに差し上げたいと思うほどの物もなくなったので、まず今度だけは思いとどまることにした。また会う時に何か差し上げることにしよう。今度のお土産は実に結構であったが、それにも増して、そなたのみめ・かたちは、いつぞや見かけた時よりも、十のものが二十ほどに見上げた。

藤吉郎は、妻としてそなたが不足であるとしばしばいっているとのことであるが、実に言語道断、怪しからぬ次第である。

どこを探し歩いても、お前様ほどの結構な妻は、かの剝《は》げ鼠《ねずみ》としては、二度と探し出すことはできないのであるから、これから後は、そなたも心持ちを快活にして、いかにも奥方らしく重々しく振舞い、悋気《りんき》（やきもち）などに立ち入ってはいけない。

しかし、女としての役目もあることだから、いいたいことも口に出さぬなりに、やるだけのことはやるのがよろしい。なお、この手紙の文章の通りに、羽柴藤吉郎に対して意見をしてほしい。

・

原文は信長には珍しいかな書きで、〝天下布武〟の印文のある朱印の下に、「のふ」(信長の意)とあり、宛書きには「藤きちらうをんなと(ど)も」とある。羽柴藤吉郎秀吉の女房という意味で、その実、秀吉の妻=正室のお禰に与えたものであった。

だが、秀吉夫妻が押し頂いた二人目の子「秀勝」は、信長の横死=〝本能寺の変〟を挟んで、丹波亀山(現・京都府亀岡市)の城主となったものの、天正十三年(一五八五)十二月十日、にわかの病没をとげてしまう。享年は十八であった。

豊臣政権を終焉させた決断の真意

天下人となった秀吉は、散々に女道楽に励み、正室のお禰はそれを黙認しつづけたが、ついに秀吉には実子が生まれず、彼が関白となり、お禰が豊臣家のファーストレディとなっても、世継ぎ問題だけは、なかなか解決をみなかった。

愛妾の淀殿は一度、鶴松を産みながら早逝させ、秀吉の姉の子・秀次を養子と定めてのち、再び淀殿は、秀頼を授けられた。このおり北政所＝お禰は、この母子を決して敵視せず、豊臣家のためにも懸命に保護する姿勢をとっている。

しかし、鶴松を北政所に育てさせ、失ったと思い込む淀殿は、秀頼を自らの手許で育てることに拘《こだわ》った。己れは秀吉の後継者の実母である、との思いも強かったであろうし、加えて、その出自が信長を兄にもつ旧主家筋の、お市の方を母とし、戦国大名・浅井長政を父としていたことで、淀殿は北政所に敵愾心を持つようになる。

一方で太閤秀吉は、関白秀次と妻妾、その子らを粛清してしまった。

そして、秀吉が六十二歳でこの世を去ると、豊臣政権はあろうことか、北政所に退場を求めてくる。いかにできた女《ひと》でも、そこは女性の性《さが》もあったに違いない。

淀殿に対して、あるいは豊臣政権をわがもの顔で運営する文治派（近江閥）の石田三成らを見て、北政所が心底、面白くない感情を抱いたとしても、それは致《いた》し方のないことであったろう。

なにしろ、従一位《じゅいちい》・准三后《じゅさんこう》、豊臣吉子《よしこ》と名乗った北政所（落飾して高台院《こうだいいん》と号す）にすれば、この政権は夫・秀吉とともに、二人三脚で築いたものだ、との自負があったはずだ。

そうしたところに、政権に不平・不満を募らせた正則や清正ら、若き日のお禰が台所めしを食べさせた子飼いの武将たち＝武断派（尾張閥）が、昔のごとく北政所に甘えて、愚痴をこぼしにきたのである。

北政所は家康を頼るようにいい、自らは大坂城西の丸を去ったが、そのあとには家康が乗り込んで来た。このタヌキ親父に、天下を取らせたのは北政所であった、と筆者は思っている。

関ヶ原の戦いは、武断派を抱え込んだ東軍総大将の家康が、文治派の頭領で西軍の主将をつとめた石田三成に勝った一戦であり、家康は三年後に征夷大将軍となり、やがて豊臣家の次の天下をわがものとした。

関ヶ原で大勝した家康は、北政所に法外ともいえる一万三千余石の隠居料を提供し、死ぬまでその生活に何一つ不自由をさせなかった。

淀殿―秀頼母子が死去した大坂城落城後、しばらく生きた北政所は、徳川幕府治世の寛永元年（一六二四）九月六日、七十七歳でこの世を去っている。

その胸中に去来したものは、はたして何であったろうか。

●著者
加来耕三（かく・こうぞう）
歴史家・作家。一九五八年、大阪市生まれ。奈良大学文学部史学科を卒業後、奈良大学文学部研究員を経て、現在は大学・企業の講師を務めながら、著作活動に勤しんでいる。『歴史研究』編集委員。内外情勢調査会講師。中小企業大学校講師。政経懇話会講師。主な著作に『渋沢栄一と明治の起業家たちに学ぶ　危機突破力』『歴史の失敗学　25人の英雄に学ぶ教訓』（いずれも日経BP）、『幕末維新の師弟学』（淡交社）、『立花宗茂　戦国「最強」の武将』（中公新書ラクレ）、『「気」の使い方』（さくら舎）など多数。

●表紙画・挿画
中村麻美（なかむら・まみ）
画家・挿画家。三重県津市生まれ。三重県立津西高校、津田塾大学卒。画塾で作画の基礎を学ぶ。NHK BSニュースキャスター、絵本翻訳業を経て日本の心を伝えるメディアとして絵画を志す。書籍、雑誌、新聞などで歴史物の挿画を手がけ、岩絵の具の本画作品も制作。代表作に「陣中将軍図」（二〇二〇　公益財団法人日本武道館所蔵）。二〇二〇年、絵本『伝えたい日本のこころ』のドイツ語版がトリアー独日協会より出版。ミス日本グランプリ受賞の経歴をもつ。

戦《せん》国《ごく》武《ぶ》将《しょう》学《がく》
歴《れき》史《し》に学《まな》び未《み》来《らい》を読《よ》む

二〇二一年六月十五日　初版第一刷発行

著　者　加《か》来《く》耕《こう》三《ぞう》
発行者　森信久
発行所　株式会社 松柏社
〒一〇二－〇〇七二
東京都千代田区飯田橋一－六－一
電　話　〇三（三二三〇）四八一三（代表）
ＦＡＸ　〇三（三二三〇）四八五七
メール　info@shohakusha.com

装丁・本文設計　常松靖史［ＴＵＮＥ］
組版・校正　戸田浩平
製版・印刷　精文堂印刷株式会社

ISBN978-4-7754-0274-0